MW01119850

Recettes plaisir
pour bien maigrir

© Robert Laffont S.A., Paris, 1997

© Weight Watchers International, Inc., 1997

Weight Watchers est une marque déposée de
Weight Watchers International, Inc.
Tous Droits Réservés.

Published by arrangement with Macmillan General Reference,
a division of Simon & Schuster Inc.

Weight Watchers

Recettes plaisir
pour bien maigrir

Préface du docteur Francine Duret-Gossart

Robert Laffont

SOMMAIRE

Préface

La révolution alimentaire

En 30 ans, nous sommes passés d'une alimentation traditionnelle à une alimentation « moderne ». Ce véritable bouleversement de notre assiette a été rendu possible par de profondes modifications dans la production et la distribution. Les choix se sont multipliés, les plats internationalisés.

Tout concourt à réduire le temps passé dans la cuisine. Par exemple, au supermarché, le rayon « frais » a décuplé en surface. Yaourts et fromages blancs nature sont maintenant accompagnés d'un choix important de produits laitiers de toutes sortes qui réjouissent le palais de nos petits et vident les cuisines des « mamies-gâteaux ».

« Cuisiner » n'est pas toujours possible au quotidien : des cuisiniers fictifs se substituent de plus en plus à la mère de famille.

Mais contrairement à ce que l'on pourrait croire, la cuisine intéresse plus que jamais : les livres de cuisine prolifèrent.

La multiplication des choix alimentaires contribue au développement d'une « mauvaise nourriture » : celle qui serait source de danger pour la santé.

En évoluant, nos comportements alimentaires sont à l'origine de multiples questions posées aux médecins nutritionnistes.

L'intérêt pour la diététique a pris un essor considérable.

Les régimes

Le débat sur l'opportunité de prescrire des régimes « hypocaloriques » pour maigrir est d'actualité, mais demande à être nuancé.

Les personnes ayant une surcharge pondérale consomment plus de calories que les minces, mais cette simple constatation n'est pas totalement satisfaisante.

L'homme de cette fin de XXe siècle mange moins sur le plan calorique que son homologue du début du siècle. Donc, l'obésité devrait diminuer et pourtant elle augmente !

Il est vrai que l'homme se dépense moins physiquement. Mais cela ne suffit pas à expliquer cet état de fait.

Si la prévalence de l'obésité dans les pays industrialisés a évolué positivement, de pair avec la baisse de l'apport calorique en valeur absolue, c'est bien la preuve qu'un autre facteur nutritionnel intervient.

Les repas, moins caloriques, mais aussi beaucoup moins volumineux, ont vu **leur densité calorique augmenter**.
La consommation de pain et féculents a nettement diminué pour laisser place à une consommation excessive de desserts gras et sucrés. Souvent, le repas de midi fait place à un plat unique, suivi ou non d'un dessert.

Autrefois, soupes, pain et féculents constituaient la base de l'alimentation quotidienne. La viande ou les gâteaux étaient les mets des jours de fête.
Les recherches médicales récentes ont bien montré qu'en fait la teneur en calories n'est pas seule en cause dans les prises de poids mais aussi la densité calorique de ce même repas. C'est-à-dire qu'un repas aura plus de chance de favoriser la prise de poids s'il a une densité calorique élevée.

À chaque aliment correspond une densité calorique, c'est-à-dire un nombre de calories par unité de volume.
Ainsi deux repas identiques sur le plan calorique peuvent ne pas avoir les mêmes incidences sur la surcharge pondérale. Le premier, composé d'un potage, d'un plat complet en sauce tel des rognons d'agneau aux flageolets (page 144), peut faire perdre du poids dans un programme équilibré, contrairement au repas composé d'une salade niçoise et d'un sorbet.
L'assimilation de ces deux repas et de l'énergie qu'ils contiennent sera différente. Un repas à densité calorique élevée sera plus vite assimilé et aura plus de chances d'être stocké dans l'organisme. Et dans les heures qui suivent le repas, la faim apparaîtra. Tandis qu'un repas à densité calorique faible, assimilé plus lentement, diffusera de l'énergie progressivement. Cette énergie sera consommée directement sans avoir besoin d'être stockée : tant que l'énergie est disponible, la personne n'aura pas faim.

Ceci est valable pour les repas, mais aussi pour les collations ou « encas ». Un petit gâteau (gras et sucré) d'un faible volume apporte le même nombre de calories qu'un bon morceau de pain au levain. Le petit gâteau ne vous rassasiera pas, en revanche vous serez rapidement calé par le pain.

Les aliments à forte densité calorique sont souvent des aliments riches en graisses. Cette haute densité calorique des aliments gras génère une surconsommation calorique inconsciente, d'autant que les calories ne sont pas toujours visibles dans notre assiette : viandes, fromages, etc. C'est au palais que les calories se ressentent : les aliments sont plus « goûteux ».

En revanche, les aliments riches en « sucres complexes » (pain, féculents, légumineuses) ont, eux, une densité calorique plus faible.

Considérer la densité calorique d'un aliment ou d'un repas est aussi intéressant que la valeur calorique absolue de l'aliment ou du repas pour le rôle qu'il joue sur le couple faim-satiété.

À calories égales, les aliments ne se comportent pas tous de la même façon dans le corps humain : ils ont une valeur calorique théorique, une densité calorique et un pouvoir calorique variables en fonction des voies de métabolisation utilisées.

On peut conclure qu'une nourriture à forte densité calorique a une action négative sur la régulation de la satiété.

En revanche, lorsque l'on réduit la densité calorique d'un repas en ajoutant des légumes, des crudités, de la salade, le repas est plus long, la sensation de satiété s'opérera normalement. La régulation des prises alimentaires sera plus efficace et l'apport calorique en sera diminué, avec un effet très bénéfique sur la perte de poids.

Un repas « allégé en calories » aura un effet intéressant sur le poids lorsque le repas qui suit garde une densité calorique faible. En revanche, l'effet sera annulé si le repas suivant a une densité calorique trop forte.

Pour maigrir durablement, il est justifié d'avoir une alimentation non seulement réduite en calories, mais aussi à faible densité calorique.

Les « sucres complexes » donnent du glucose : le substrat énergétique directement disponible du muscle et du cerveau. Son apport régulier est indispensable pour garder la forme physique et psychique au cours de l'amaigrissement.

Ces sucres ont aussi un effet bénéfique sur le maintien de la masse maigre (masse musculaire). Il est très important de ne pas perdre de la masse maigre au cours de l'amaigrissement. La perte de masse maigre peut entraîner un certain état de fatigue et surtout une diminution des dépenses d'énergie. Pour maigrir et maintenir le poids perdu, il est au contraire fondamental de chercher à augmenter ces dépenses d'énergie par l'activité physique.

Le choix des sucres se portera donc plus particulièrement sur les aliments riches en amidon tels les céréales, les légumes secs, la pomme de terre, mais aussi les fruits pour leur richesse en fibres.

Les fibres ont leur place dans cette alimentation en tant que bon complément alimentaire pour réduire la densité calorique des repas, mais aussi pour le rôle mécanique qu'elles jouent dans l'absorption et la digestion des aliments.

Ce rôle mécanique agit dès la mastication et l'ingestion du bol alimentaire, en ralentissant le processus d'alimentation et en agissant sur le temps d'évacuation des aliments de l'estomac vers l'intestin. De ce fait, les fibres ont un rôle hormonal indirect en diminuant la sécrétion d'insuline, hormone du stockage de l'énergie.

La conjugaison de ces différentes propriétés permet à l'assimilation digestive de se faire plus lentement, créant ainsi un effet bénéfique sur la satiété. La consommation calorique accompagnée d'une sensation de meilleur confort digestif en sera réduite.

Mais attention, fibres ne veut pas dire crudités uniquement. Il est bon que toutes les fibres soient harmonieusement consommées aussi bien cuites que crues. Vous pouvez consommer sans crainte – ni culpabilité – pommes de terre, pâtes, riz, semoule, haricots mais aussi des tartes aux légumes ou aux fruits.

En conséquence, pour bien maigrir, ces aliments doivent être intégrés dans un plan d'ensemble : le programme alimentaire proposé par Weight Watchers.

Le programme Weight Watchers

Le programme s'est construit à partir de deux grands axes de réflexion : suivre les recommandations médicales et répondre à l'attente des clients, surtout dans leur désir d'avoir un programme très simple à adopter.

Le programme « 3 Feux Minceur » de Weight Watchers correspond aux données les plus récentes en matière de recherche en nutrition. Il a la particularité d'être très facile à suivre par la simplicité des consignes à respecter.

C'est ainsi que le programme est bâti sur le principe d'un contrôle rigoureux de l'apport des graisses, sur l'incitation à une consommation des « sucres complexes » et de fibres.

L'apport en graisses est très contrôlé et privilégie les huiles, lesquelles contiennent les acides gras essentiels qui ne peuvent être fabriqués par l'organisme.

Cependant, l'esprit n'a surtout pas été de supprimer les graisses, seulement d'en prévenir la surconsommation. Car, nous savons qu'un régime dépourvu de graisses est un non-sens et provoque une carence dans l'organisme, non seulement en acides gras essentiels, mais aussi en vitamines liposubles.

Le programme est structuré à partir de trois groupes :

1. Les aliments « verts » : aliments très peu caloriques, très pauvres en graisses (traces) et riches en fibres : à volonté !

2. Les aliments « orange » : regroupent des aliments aussi divers que le pain, les féculents, les céréales, les légumineuses, la viande, le poisson, les laitages : ils constituent la base du programme.

3. Les aliments « rouges » : sont les aliments plaisir. Riches en graisses et/ou en sucres simples, ils sont par ailleurs pauvres en fibres. Facultative, leur consommation est limitée dans la semaine. Ce sont les aliments de la convivialité, de la fête mais aussi des petits plaisirs quotidiens. Consommés avec modération, ils rendent le suivi d'un régime plus agréable et plus durable.

Ne vous étonnez pas de trouver dans les recettes proposées, à côté des recettes classiques de viandes ou poissons, des recettes de potages, pommes de terre, pâtes ou lentilles.

Le choix de créer un programme très riche en sucres complexes et contrôlé en graisses répond aux recommandations justifiées que nous vous avons expliqué précédemment.

C'est ainsi que l'arrivée en librairies d'un nouveau livre de cuisine qui allie maigrir et plaisir est un événement.

Le dernier livre de cuisine Weight Watchers est d'autant plus un événement qu'il est rempli d'idées originales. Les recettes y sont faciles, simples, rassurantes par leurs clins d'œil à la cuisine traditionnelle française, sans omettre la pointe d'exotisme pour ceux et celles qui aiment les saveurs nouvelles.

Il n'est pas nécessaire d'être un cordon bleu, ni d'avoir beaucoup de poids à perdre pour suivre les recettes Weight Watchers. Il suffit juste d'avoir envie de manger sain et équilibré !

La place donnée aux féculents, pommes de terre, soupes et plats complets indique le retour à une alimentation plus traditionnelle, mais aussi en référence à de nombreuses autres cultures.

C'est ainsi que vous pourrez commencer votre repas par un bon potage de tomates fraîches (page 46), continuer par un boulghour sauté aux poivrons (page 212) et enfin savourer un clafoutis aux reines-claudes (page 236). Mais rien ne vous empêche de préférer pour entrée la pizza aux légumes (page 71), de prendre pour plat la marmite du pêcheur (page 120) et pour dessert la semoule aux fruits d'été (page 256).

Vous trouverez dans ce livre une foule d'idées simples et de recettes peu coûteuses à réaliser.

La femme d'aujourd'hui ne veut plus passer des heures dans la cuisine et sa vie à l'extérieur l'incite à garder l'œil sur sa balance.

Ce livre de recettes a été conçu afin d'aider concrètement tous ceux et toutes celles qui cherchent à perdre du poids par la méthode Weight Watchers. C'est ainsi que chaque recette comporte une référence à ce programme alimentaire tout à fait original.

À vos fourneaux... et à votre balance !

Docteur Francine Duret-Gossart
Médecin conseil de Weight Watchers

Des indications claires accompagnent les recettes : facilité de réalisation, coût, temps de cuisson et de préparation, ainsi que des conseils et des suggestions de variantes.

Les symboles des recettes :

très facile ■
moyennement facile ■ ■
difficile ■ ■ ■
bon marché ★
moyennement chère ★ ★
chère ★ ★ ★

Équivalences des cuillères Weight Watchers :

1/2 c à café (1/2 cc) : 1 cuillère WW n° 1/2
1 c à café (1 cc) : 1 cuillère WW n° 1*
1 1/2 c à café (1 1/2 cc) : 1 cuillère WW n° 1 1/2
1 c à soupe (1 cs) : 1 cuillère WW n° 3

Vous désirez des conseils, vous souhaitez en savoir plus, vous avez besoin d'un soutien pour mincir, vous ne connaissez pas votre poids idéal, vous voulez établir votre programme minceur, vous cherchez l'adresse du centre Weight Watchers le plus proche de chez vous...

TÉLÉPHONEZ AU 01 30 23 04 00

COMPOSEZ LE 3615 WW
sur votre minitel
(1,29 FF la minute)

■ BARQUETTES D'ENDIVES À LA PURÉE DE HARICOTS

1 Écosser les haricots. Les mettre dans le panier inox d'un autocuiseur, recouvrir d'eau. Déposer le thym et le laurier. Faire cuire 10 minutes. Égoutter.

2 Passer les haricots cuits au moulin à légumes afin de pouvoir retirer les peaux.

3 Verser les haricots dans un récipient avec l'huile, le vinaigre, le sel et le poivre. Mélanger pour faire une purée homogène.

4 Garnir les feuilles d'endive taillées en barquettes avec la purée.

5 Saupoudrer de persil ciselé et disposer dans un plat de service.

Coût : ★ Diff. : ■
Préparation : 20 min

POUR 4 PERSONNES

120 g de haricots blancs frais écossés (ou en boîte au naturel)
1/2 feuille de laurier
1 branche de thym
1 pincée de sel
1 pincée de poivre
1 cs de vinaigre de vin rouge vieux
4 cc d'huile d'olive
12 feuilles d'endive
1 bouquet de persil plat

LES PORTIONS

Pour 1 personne
MG ◖
40 Kcal

■ BÂTONNETS DE CÉLERI AUX 2 MOUSSES VERTES

Coût : ★★ Diff. : ■
Préparation : 20 min

POUR 4 PERSONNES

4 céleris en branche
Pour la mousse d'avocat : 100 g de fromage blanc battu à 10 %
1 avocat bien mûr (120 g de chair)
le jus d'un citron
sel, poivre
Pour la mousse à la menthe : 100 g de fromage blanc battu à 10 %
1 blanc d'œuf
12 feuilles de menthe
sel, poivre

LES PORTIONS

Pour 1 personne
◖
◖
55 Kcal

1 Séparer les côtes de céleri, les gratter et les couper en bâtonnets de quelques centimètres de façon à former de petites barquettes. Les disposer en éventail dans une assiette.

2 Servir le céleri avec les deux mousses. Chaque convive puisera dans la coupelle de son choix à l'aide des bâtonnets de céleri.

3 Préparer la mousse d'avocat : éplucher l'avocat, passer la chair au mixeur avec le jus de citron. Ajouter le fromage blanc bien frais. Saler, poivrer. Bien mélanger le tout. Verser dans une coupelle.

4 Préparer la mousse à la menthe : passer la menthe sous l'eau, l'essorer. Faire infuser à couvert 6 feuilles de menthe dans 3 cuillères à soupe d'eau bouillante pendant 10 minutes. Filtrer. Laisser refroidir un instant au freezer. Ciseler finement les 6 autres feuilles. Battre le blanc d'œuf en neige. Mélanger le fromage blanc, l'infusion et la menthe ciselée. Saler, poivrer. Incorporer délicatement l'œuf battu en neige. Verser dans une coupelle.

■CAKE AUX FRUITS D'ÉTÉ

Coût : ★ Diff. : ■ ■
Préparation : 20 min
Cuisson : 30 min
POUR 4 PERSONNES
250 g de brugnons
250 g de quetsches (200 g net)
2 œufs
8 cs de margarine allégée
8 cc de sucre en poudre
160 g de farine
1 sachet de levure chimique
4 cs d'édulcorant en poudre
LES PORTIONS
Pour 1 personne
● ⊕
MG ● ⊕
40 Kcal

1 Préchauffer le four th. 5 (150 °C). Sortir la margarine du réfrigérateur. Laver les fruits et les essuyer dans un linge propre. Les dénoyauter, puis les couper en petits morceaux.

2 Casser les œufs dans un saladier, ajouter la margarine molle. Travailler le mélange au fouet électrique, pour obtenir un mélange homogène et crémeux. Ajouter le sucre, travailler encore quelques instants au fouet électrique. Incorporer la farine et la levure, à l'aide d'une spatule en bois.

3 Quand la pâte est homogène, ajouter les fruits et l'édulcorant en mélangeant délicatement. Verser l'ensemble dans un moule à cake ou à manqué antiadhésif. Faire cuire à four moyen pendant 30 minutes environ.

4 Démouler délicatement lorsque le gâteau est froid. Les fruits peuvent adhérer légèrement aux parois : il suffit alors de les décoller avec une spatule en bois.

En hiver, réaliser ce dessert avec des fruits de saison : pommes, poires, bananes.

■CANAPÉS AU FROMAGE BLANC ET AUX HERBES

1 Laver les tomates cerises, les égoutter et les couper en deux. Égoutter soigneusement le fromage, en le pressant avec la main. Mélanger dans un grand bol le fromage et les herbes. Saler et poivrer.

2 Faire griller les tranches de pain au grille-pain. Les frotter à l'ail sur une de leurs faces, puis les tartiner légèrement de moutarde forte.

3 Répartir le fromage sur les tranches de pain, et décorer avec les tomates. Servir rapidement pour que le pain reste croustillant. Si vous servez ces tartines le matin, vous pouvez préparer le mélange fromage-herbes la veille, vous gagnerez du temps et il n'en sera que plus parfumé.

Coût : ★ Diff. : ■
Préparation : 10 min
Cuisson : 10 min
(pain grillé)
POUR 4 PERSONNES
8 tomates cerises (100 g)
400 g de fromage blanc à 0 % en faisselle
2 cs de persil haché
2 cs de ciboulette hachée
2 cs de cerfeuil haché
4 belles tranches de boule de pain de campagne (4 x 60 g)
2 gousses d'ail
1 cs de moutarde forte
LES PORTIONS
Pour 1 personne
● ⊕

■ GÂTEAU LÉGER AUX ABRICOTS

1 Préchauffer le four th. 5 (150 °C). Laver et essuyer les abricots dans un linge propre. Les couper en deux et les dénoyauter. Les ranger dans un plat en terre ou en pyrex allant au four.

2 Verser la farine et le sucre dans un saladier. Ajouter la levure et une pincée de sel.
Ajouter les œufs entiers et le yaourt. Travailler la pâte pour incorporer parfaitement tous les ingrédients.

3 Verser le mélange sur les abricots. Enfourner et cuire environ 25 minutes à four moyen.

4 Lorsque le gâteau est cuit, le sortir du four et le laisser tiédir quelques minutes. Saupoudrer d'édulcorant et servir tiède ou frais.

Coût : ★ Diff. : ■
Préparation : 15 min
Cuisson : 25 min
POUR 4 PERSONNES
500 g d'abricots (400 g net)
1 sachet de sucre vanillé
120 g de farine
1 cc de levure chimique
2 œufs
1 yaourt nature
4 cs d'édulcorant en poudre
LES PORTIONS
Pour 1 personne
15 Kcal

■ GÂTEAU MOUSSELINE À L'ORANGE

Coût : ★ Diff. : ■ ■
Préparation : 20 min
Cuisson : 20 min
POUR 4 PERSONNES
1 orange non traitée
1 œuf
3 blancs d'œufs
20 g de sucre en poudre
80 g de Maïzena
6 cc de crème fraîche
3 cs d'édulcorant en poudre
LES PORTIONS
Pour 1 personne
35 Kcal

1 Préchauffer le four th. 4 (120 °C). Rincer l'orange sous l'eau chaude. Râper une partie de la peau, pour obtenir 2 cuillères à café de zeste. Presser l'orange et réserver le jus.

2 Battre l'œuf entier avec le sucre afin d'obtenir un mélange mousseux et aérien.
Ajouter la Maïzena, l'édulcorant et la crème fraîche. Verser le jus d'orange et le zeste. Bien mélanger.

3 Monter les blancs en neige très ferme. Les incorporer délicatement à la pâte. Verser dans un moule à manqué antiadhésif et faire cuire 20 minutes à four doux. Éviter d'ouvrir le four pendant la cuisson, sinon le gâteau risque de retomber.

4 Démouler le gâteau encore tiède sur une grille et laisser refroidir avant de consommer. Délicieux au petit déjeuner avec de la compote de pommes ou du fromage blanc battu.

■ ŒUFS COCOTTE AUX HERBES DU JARDIN

1 Préchauffer le four th. 5 (150 °C). Laver et couper les tomates en petits dés. Éplucher l'oignon, puis l'émincer. Verser l'oignon dans une poêle antiadhésive, avec l'huile. Laisser revenir 5 minutes à feu moyen, en remuant. Ajouter les tomates et laisser cuire à feu vif pendant 10 minutes.

2 Laver les herbes, puis les effeuiller et les hacher.

3 Verser la sauce tomate dans 4 ramequins allant au four. Déposer par-dessus une cuillère de brousse, puis les herbes. Casser un œuf dans chaque ramequin. Saler et poivrer.

4 Faire cuire 10 minutes environ au four, servir chaud avec des toasts grillés.

Coût : ★ Diff. : ■
Préparation : 15 min
Cuisson : 20 min

POUR 4 PERSONNES

500 g de tomates bien mûres
1 oignon (100 g)
2 cc d'huile d'olive
4 œufs
2 brins d'estragon
2 brins de persil plat
4 cs de brousse fraîche allégée
(100 g = 140 Kcal)

LES PORTIONS

Pour 1 personne

45 kcal

■ PAIN DE MIE AUX ŒUFS BROUILLÉS

Coût : ★ Diff. : ■
Préparation : 15 min
Cuisson : 15 min

POUR 4 PERSONNES

8 tranches de pain de mie
(8 x 30 g)
4 œufs
2 cs de ciboulette
1 cc de paprika
30 g de gruyère allégé
4 cc de ketchup

LES PORTIONS

Pour 1 personne

20 Kcal

1 Préchauffer le four th. 3 (90 °C). Étaler les tranches de pain sur une plaque à pâtisserie. Les enfourner et les sécher pendant environ 10 à 15 minutes, le temps de préparer les œufs. Les surveiller pour éviter qu'elles grillent trop rapidement.

2 Casser les œufs dans un grand bol, mais ne pas les battre. Ajouter la ciboulette, le fromage et le paprika. Saler et poivrer. Mélanger très légèrement à l'aide d'une fourchette, pour casser les jaunes d'œufs.

3 Verser le mélange dans une casserole, à feu très doux. Faire cuire 5 minutes en remuant sans cesse. Ôter du feu dès que le mélange est pris, mais encore crémeux.

4 Sortir les tranches de pain du four, les badigeonner de ketchup, puis répartir les œufs brouillés par-dessus. Servir très rapidement pour que les canapés soient chauds et croustillants.

■PAIN AU POTIMARRON

1 Faire cuire la chair du potimarron coupée en petits morceaux dans un autocuiseur avec un peu d'eau pendant 15 minutes.

2 Égoutter, réserver un peu de jus de cuisson. Réduire la chair en purée.

3 Délayer la levure avec 3 cuillères de jus tiède. Laisser reposer 10 minutes.

4 Dans un récipient, mélanger la levure avec la purée de potimarron. Remuer, ajouter la farine petit à petit, (sauf 1 cuillère) avec le sel. Pétrir jusqu'à obtention d'une pâte ferme.

5 Laisser reposer au frais, recouvert d'un linge humide, pendant 2 heures. Pétrir à nouveau.

6 Préchauffer le four th. 6 (180 °C).

7 Huiler un moule à cake, le fariner. Verser la pâte. Laisser lever encore une demi-heure.

8 Mettre à cuire à four chaud, th 6 (180 °C) pendant 1 heure. Déguster froid.

Coût : ★ Diff. : ■
Préparation : 20 min
Cuisson : 15 min (autocuiseur) + 1 h (four)
POUR 6 PERSONNES
500 g de chair de potimarron
500 g de farine
2 pincées de sel
15 g de levure de boulanger
1 cc d'huile
LES PORTIONS
Pour 1 personne
●
● ●
25 Kcal

■PAMPLEMOUSSE AUX ÉPICES

Coût : ★ Diff. : ■
Préparation : 10 min
Cuisson : 5 min
POUR 4 PERSONNES
2 pamplemousses roses
1 pincée de mélange « 4 épices »
100 g de fromage blanc à 0 %
1 cs d'édulcorant en poudre
LES PORTIONS
Pour 1 personne
●
10 Kcal

1 Préchauffer le gril du four.

2 Couper les pamplemousses en deux moitiés. Les évider à l'aide d'un couteau recourbé. Ôter les membranes entre les quartiers. Remettre la chair des pamplemousses dans les écorces.

3 Mélanger dans un petit bol le fromage blanc avec les épices et l'édulcorant. Poivrer. Répartir le mélange sur la chair de pamplemousse.

4 Passer sous le gril pendant 5 minutes et servir aussitôt.

PÂTE À TARTE LÉGÈRE

Coût : ★ Diff. : ■
Préparation : 10 min
Cuisson : 20 min
POUR 6 PERSONNES
180 g de farine blanche
100 g de fromage blanc à 0 %
3 cc d'huile
1/2 sachet de levure chimique
LES PORTIONS
Pour 1 personne
🌑 MG
5 Kcal

1 Préchauffer le four th. 5 (150 °C).

2 Verser la farine et la levure dans un saladier. Faire un puits et ajouter le fromage blanc, l'huile et deux cuillères à soupe d'eau tiède. Mélanger du bout des doigts, très progressivement. Ne pas ajouter d'eau, même si la farine n'est pas absorbée très rapidement par le fromage blanc. Peu à peu, la pâte devient souple et facile à travailler.

3 Étaler la pâte très finement sur le plan de travail. Elle gonfle car elle contient de la levure, donc ne pas hésiter à l'étirer au maximum.

4 Cuire à blanc ou après l'avoir garnie, pendant 20 minutes environ, th. 5 (150 °C).

Cette pâte, croustillante et délicieuse, vous surprendra aussi bien pour les tartes salées que sucrées. On peut également réaliser facilement des amuse-gueule légers, en la tartinant de fromage frais ou de chèvre avant de l'enfourner

PIZZA AUX TOMATES FRAÎCHES

1 Verser la farine dans un grand saladier. Ajouter la levure émiettée, une cuillère à café d'huile, une pincée de sel et un verre d'eau tiède. Travailler la pâte pour obtenir un mélange souple et homogène. Rouler la pâte en boule et la laisser reposer dans un endroit tiède pendant 1 heure.

2 Pendant ce temps, laver et couper les tomates en tranches très fines. Les déposer dans une passoire inoxydable et les saupoudrer de sel (deux cuillères à café environ). Les laisser dégorger 15 minutes. Travailler dans un pilon les gousses d'ail, l'huile restante et les anchois.

Coût : ★ Diff. : ■ ■
Préparation : 20 min +
1 h de repos
Cuisson : 20 min
POUR 4 PERSONNES
240 g de farine
10 g de levure de boulanger
4 cc d' huile d'olive
600 g de tomates bien mûres
2 gousses d'ail
40 g de filets d'anchois
5 feuilles de basilic
LES PORTIONS
Pour 1 personne
LP
MG 🌑 🟤
15 Kcal

3 Préchauffer le four th. 7 (210 °C). Travailler à nouveau la pâte, qui a doublé de volume, pendant 3 minutes. L'étaler finement sur une plaque à pâtisserie, ou dans un grand moule antiadhésif. Disposer par-dessus les tomates égouttées. Répartir le mélange à l'anchois par petites touches, ainsi que les feuilles de basilic. Poivrer, mais ne pas saler.

4 Faire cuire à four chaud pendant 20 minutes environ et servir tiède ou froid. Cette pizza peut se préparer la veille, et être réchauffée ou non.

SURIMI EN BRIOCHES

1 Préchauffer le four th. 5 (150 °C). Faire fondre la margarine 30 secondes au micro-ondes (ou au bain-marie).

2 Verser la farine et la levure dans un saladier. Ajouter la margarine juste fondue et l'œuf. Mélanger pour obtenir une pâte lisse.

3 Diviser la pâte en 8 parts égales. Étaler les morceaux de pâte en rectangles de la largeur d'un bâton de surimi. Déposer un bâton de surimi sur chaque rectangle. Saupoudrer de poivre, de muscade, de quelques feuilles d'aneth, puis saler. Replier la pâte afin d'enfermer le surimi. Souder les bords avec un peu d'eau.

Coût : ★ Diff. : ■ ■
Préparation : 15 min
Cuisson : 20 min

POUR 4 PERSONNES

120 g de farine
1 cc de levure chimique
4 cc de margarine
1 œuf
8 bâtons de surimi
muscade
2 brins d'aneth
2 cs de lait écrémé

LES PORTIONS

Pour 1 personne

MG ● ◐

4 Déposer les brioches sur une plaque à pâtisserie antiadhésive. Les badigeonner de lait à l'aide d'un pinceau. Les faire cuire à four moyen pendant 15 à 20 minutes. Servir tiède ou chaud, en entrée ou pour un brunch.

TARTINES GRATINÉES AU FROMAGE LÉGER

1 Préchauffer le four th. 7 (210 °C). Diviser la baguette en 4, puis couper chaque morceau en 2, dans le sens de la longueur.

Coût : ★ Diff. : ■
Préparation : 10 min
Cuisson : 15 min

POUR 4 PERSONNES

240 g de baguette de campagne (= une baguette)
120 g de tomme allégée
60 g de jambon blanc dégraissé
100 g de fromage blanc à 0 %
1 œuf
1 cs de moutarde forte
1 cs de ciboulette hachée

LES PORTIONS

Pour 1 personne

● ● ◐

10 Kcal

2 Râper la tomme. Émincer le jambon en petits morceaux. Verser le fromage blanc dans un bol, ajouter l'œuf et travailler le mélange à la fourchette. Ajouter la tomme, le jambon, la moutarde et la ciboulette. Saler légèrement, mais bien poivrer.

3 Répartir le mélange au fromage sur le pain, en creusant un peu la mie avec les doigts. Passer au four 10 à 15 minutes, pour que les tartines soient bien chaudes et dorées.

4 Servir chaud, nature ou avec une salade verte.

Coût : ★ ★ Diff. : ■
Préparation : 5 min
Cuisson : 5 min

POUR 1 PERSONNE

50 g de foie de volaille
30 g de jambon de Bayonne
1 cc de margarine
sel, poivre
1 baie de genièvre
1 feuille de sauge (ou romarin)
1 cc de jus d'orange
60 g de pain de campagne

LES PORTIONS

Pour 1 personne

■TARTINES REPAS

1 Hacher au robot le foie de volaille, le jambon, la baie de genièvre et la sauge.

2 Cuire l'ensemble dans une poêle antiadhésive. Ajouter le jus d'orange et le vinaigre. Laisser évaporer et laisser refroidir. Ajouter la cuillère de margarine. Bien mélanger le tout.

3 Tartiner le pain de campagne. À déguster avec une salade.

■BOUCHÉES À L'ANANAS ET AU POULET

1 Saler et saupoudrer de quatre-épices les blancs de poulet. Les faire cuire à la vapeur.

2 Détailler en petits triangles. Donner un tour de moulin à poivre.

3 Découper l'ananas en tranches, puis en petits quartiers de la même grandeur que les morceaux de poulet.

4 Embrocher les morceaux d'ananas et de poulet avec une feuille de persil plat sur des pique-olives en bois.

Coût : ★ Diff. : ■
Préparation : 10 min
Cuisson : 15 min

POUR 4 PERSONNES

2 blancs de poulet (250 g)
1 pincée de sel
1 pincée de quatre-épices
poivre du moulin
200 g de chair d'ananas frais
persil plat

LES PORTIONS

Pour 1 personne

■BOUCHÉES AU RAISIN ET AU MAGRET DE CANARD

Coût : ★ ★ Diff. : ■
Préparation : 10 min

POUR 4 PERSONNES

240 g de magret de canard fumé
200 g de raisin muscat ou
chasselas (24 grains)
poivre du moulin

LES PORTIONS

Pour 1 personne

1 Rincer le raisin, puis l'égrener.

2 Découper le magret en lanières de 2 cm de large (ou l'acheter tout prêt).

3 Plier chaque lanière et l'embrocher avec un grain de raisin sur un pique-olive en bois. Donner un tour de moulin à poivre.

■ BOUCHÉES AU MELON ET AU JAMBON DE BAYONNE

1 Enlever les pépins du melon. Le couper en tranches d'1 à 2 cm, puis tailler des petits triangles.

2 Enlever le gras du jambon de Bayonne, le couper en fines lanières.

3 Entourer chaque morceau de melon d'une lanière de jambon et maintenir le tout avec un pique-olive en bois. Décorer avec une feuille de menthe fraîche.

Coût : ★ ★ Diff. : ■
Préparation : 10 min

POUR 4 PERSONNES

2 tranches de jambon de
Bayonne (240 g)
1/2 melon (200 g de chair)
quelques feuilles de menthe
fraîche

LES PORTIONS

Pour 1 personne
●
● ●

■ CROUSTILLANT DE PRUNEAUX

Coût : ★ Diff. : ■
Préparation : 5 à 10 min
Cuisson : 10 min

POUR 4 PERSONNES

12 pruneaux
1/4 de pomme
2 tranches de jambon de
Bayonne (30 g chacune)
1 feuille de brick

LES PORTIONS

Pour 1 personne
(3 pruneaux)
🦋
◐ + 25 Kcal

1 Fourrer les pruneaux dénoyautés d'un dé de pomme pour les rendre plus moelleux.

2 Avec les 2 tranches de jambon de Bayonne, faire 6 lanières dans le sens de la longueur, que l'on coupera ensuite en 2 (on obtient ainsi 12 lanières de jambon). À l'aide d'une paire de ciseaux, couper également 12 bandes dans la feuille de brick.

3 Entourer chaque pruneau d'une lanière de jambon et d'une bande de brick. Maintenir le tout avec un pique-olive en bois. Disposer les pruneaux côte à côte sur une feuille « Stick Cuisson four » et les faire dorer au four th. 7 (210 °C) 10 minutes environ.

4 Servir dès la sortie du four avec l'apéritif.

■ COUPES COUPE-FAIM

Coût : ★ Diff. : ■
Préparation : 10 min

POUR 2 PERSONNES

2 yaourts brassés à 0 %
40 g de flocons aux 5 céréales
2 cc d'édulcorant
1 pomme (100 g)
le jus d'1/2 citron
2 kiwis (100 g de chair)
1 banane (100 g de chair)

LES PORTIONS

Pour 1 personne

1 Dans une terrine, verser les yaourts sur les flocons aux 5 céréales. Ajouter l'édulcorant et mélanger.

2 Râper grossièrement la pomme, presser le jus du demi-citron dessus. Mélanger à la première préparation.

3 Couper la banane en rondelles et les kiwis en fines tranches.

4 Répartir les fruits dans les coupes avec la préparation au yaourt.

■ MILK-SHAKE AUX FRAISES

Coût : ★ Diff. : ■
Préparation : 10 min

POUR 4 PERSONNES

1 l de lait écrémé
400 g de fraises
le jus d'1 citron
4 cc d'édulcorant
4 petits-suisses à 20 % (4 x 30 g)
2 sachets de sucre vanillé

LES PORTIONS

Pour 1 personne

20 Kcal

1 Nettoyer les fraises, les équeuter et les mettre dans le bol d'un mixeur avec le lait bien frais, le jus de citron et l'édulcorant. Mixer quelques secondes.

2 Mélanger les petits-suisses avec le sucre vanillé et mettre dans une poche à douille.

3 Verser le milk-shake aux fraises dans 4 grands verres et répartir sur chacun les petits-suisses vanillés à l'aide de la poche à douille.

4 Servir de suite.

SEMOULE AUX MIRABELLES

1 Faire cuire les mirabelles dénoyautées avec 15 cl d'eau pendant 10 minutes. Mixer.

2 Verser dans une casserole et laisser chauffer à feu doux. Dès l'ébullition, verser la semoule en pluie et laisser cuire 5 minutes en remuant sans arrêt. Ajouter l'édulcorant et mélanger.

3 Répartir la semoule dans des ramequins. Laisser prendre au réfrigérateur au moins 1 heure. Démouler au moment de servir.

Coût : ★ Diff. : ■
Préparation : 20 min
Cuisson : 20 min

POUR 4 PERSONNES

400 g de mirabelles
dénoyautées
40 g de semoule de blé dur
4 cc d'édulcorant

LES PORTIONS

Pour 1 personne
🍮
40 Kcal

TARTINES FROMAGÈRES

Coût : ★ Diff. : ■
Préparation : 10 min

POUR 4 PERSONNES

8 tranches de pain au son de
30 g chacune
200 g de fromage blanc en
faisselle à 0 %
2 cc d'huile d'olive
4 brins de ciboulette
1 petit oignon frais
1 pincée de sel
poivre du moulin
8 radis roses
4 petits cornichons

LES PORTIONS

Pour 1 personne
🍮 🥛
25 Kcal

1 Faire égoutter le fromage blanc, le verser dans une jatte.

2 Couper la ciboulette avec une paire de ciseaux. Hacher l'oignon frais avec un couteau.

3 Les mélanger au fromage blanc avec l'huile d'olive. Saler, donner 2 tours de moulin à poivre. Laisser reposer au frais pendant 15 minutes.

4 Remuer à nouveau, répartir la préparation sur les tartines. Recouvrir de fines rondelles de radis et de cornichons.

■TOASTS À LA TOMATE

Coût : ★ Diff. : ■
Préparation : 10 min

POUR 4 PERSONNES

8 tranches de 30 g de pain de mie
1 grosse tomate
120 g de Saint-Moret léger
4 brins de ciboulette
2 gousses d'ail
4 bouquets de cresson
sel
poivre du moulin
persil

LES PORTIONS

Pour 1 personne

1 Passer les tranches de pain de mie sous le gril un instant pour les faire dorer.

2 Hacher l'ail et ciseler la ciboulette. Les malaxer à la fourchette avec le Saint-Moret. Saler, donner un tour de moulin à poivre.

3 Répartir cette préparation sur les toasts. Recouvrir de cresson.

4 Découper la tomate en fines tranches avec un trancheur. Déposer 1 ou 2 rondelles de tomate, selon la taille, et recouvrir de persil ciselé.

GALETTE AUX ABRICOTS

1 Mélanger la farine et la poudre d'amandes. Ajouter les œufs et le lait petit à petit. Couper les abricots en deux et les dénoyauter.

2 Faire revenir dans une poêle antiadhésive les abricots et les cerises sur feu moyen.

3 Dans une autre poêle antiadhésive, faire cuire la pâte des deux côtés et déposer les fruits dessus.

4 Terminer la cuisson et servir.

Coût : ★ Diff. : ■
Préparation :
Cuisson : 10 min
POUR 4 PERSONNES
20 g de poudre d'amandes
40 g de farine
2 œufs
25 cl de lait écrémé
100 g d'abricots
100 g de cerises
LES PORTIONS
Pour 1 personne
●
●
25 Kcal

GÂTEAU DE SEMOULE AUX FIGUES

Coût : ★ ★ Diff. : ■ ■
Préparation : 15 min
Cuisson : 35 min
POUR 4 PERSONNES
50 cl de lait écrémé
1 gousse de vanille
80 g de semoule de blé
2 jaunes d'œufs
1 blanc d'œuf
200 g de figues fraîches
LES PORTIONS
Pour 1 personne
●
●
5 Kcal

1 Faire chauffer le lait avec la gousse de vanille fendue. Verser la semoule et laisser cuire sur feu doux 10 à 15 minutes en remuant.

2 Hors du feu ajouter les jaunes d'œufs un à un. Préchauffer le four th. 6 (180 °C). Battre le blanc en neige ferme et l'incorporer à la semoule. Éplucher les figues et les couper en quartiers.

3 Dans un moule antiadhésif, verser la moitié de la semoule. Mettre les figues au centre et recouvrir du reste de semoule.

4 Faire cuire au four au bain-marie 30 minutes environ.

Ce petit déjeuner se prépare la veille.

■MELON MATIN

Coût : ★ Diff. : ■
Préparation : 10 min

POUR 4 PERSONNES

1 melon (400 g de chair)
200 g de fromage blanc à 10 ou 20 %
2 cc de miel liquide d'oranger (ou d'acacia)
20 g de poudre de noisettes

LES PORTIONS

Pour 1 personne

●

🍶 MG

20 Kcal

1 Dans une jatte, mélanger le fromage blanc avec le miel.

2 Couper les melons en deux, enlever les pépins. Retirer la chair à l'aide d'une cuillère à billes.

3 Incorporer les billes de melon au fromage blanc miellé.

4 Farcir les coques de melon avec la préparation et saupoudrer avec une pincée de poudre de noisettes.

■OMELETTE SOUFFLÉE AUX FRAMBOISES

Coût : ★ ★ Diff. : ■ ■
Préparation : 5 min
Cuisson : 5 min

POUR 4 PERSONNES

4 œufs
4 cc de sucre
200 g de framboises

LES PORTIONS

Pour 1 personne

●

○

20 Kcal

1 Séparer les blancs des jaunes de 2 œufs. Battre ce 2 jaunes avec les 2 œufs entiers et le sucre e poudre.

2 Monter les 2 blancs en neige. Les incorporer à préparation précédente. Diviser en 4 parts.

3 Faire cuire chaque part dans une poêle antiadhés ve en ramenant le bord des œufs vers le centr Dès que les bords se décollent de la poêle, faire gliss l'omelette sur une assiette. La plier en 2 après avo mis les framboises à l'intérieur.

POMMES FONDANTES AUX AMANDES

Coût : ★ Diff. : ■
Préparation : 15 min
Cuisson : 20 min (10 min
au four à micro-ondes)

POUR 4 PERSONNES

20 g de poudre d'amandes
4 cc margarine
1 cs d'eau de fleur d'oranger
4 pommes de 100 g chacune
(reinette ou golden)
2 cc de miel

LES PORTIONS

Pour 1 personne

🍮

MG MG

20 Kcal

1 Préchauffer le four th. 7 (210 °C). Mélanger la poudre d'amandes ainsi que la fleur d'oranger, la margarine et le miel.

2 Laver, essuyer les pommes, les évider après les avoir décalottées.

3 Répartir le mélange dans chaque pomme. Remettre les chapeaux et faire cuire dans un plat contenant 2 cuillères à soupe d'eau chaude. Après 20 minutes de cuisson, laisser reposer 5 minutes.

4 On peut accompagner les pommes de tranches de brioche grillées (à comptabiliser).

PUDDING AUX CERISES

Coût : ★ Diff. : ■
Préparation : 10 min
Cuisson : 30 à 40 min

POUR 4 PERSONNES

240 g de pain rassis
25 cl de lait écrémé
2 œufs
édulcorant
400 g de cerises dénoyautées
(noires)

LES PORTIONS

Pour 1 personne

🍮

⚪ 🥛

1 Verser le lait bouillant sur le pain rassis coupé en morceaux. Laisser reposer 15 minutes.

2 Mélanger à la fourchette et ajouter les 2 œufs battus, l'édulcorant et les cerises noires dénoyautées.

3 Verser dans un moule antiadhésif et faire cuire 30 à 40 minutes au four th. 6 (180 °C).

Ce petit déjeuner se prépare la veille.

■ SOUFFLÉ DE FRUITS À LA POÊLE

Coût : ★ ★ Diff. : ■
Préparation : 10 min
Cuisson : 10 à 15 min

POUR 4 PERSONNES

200 g de poires
200 g de raisin noir
4 cc de margarine
4 œufs
25 g de lait en poudre écrémé
1 cs de jus de citron
1/2 cc cannelle

LES PORTIONS

Pour 1 personne

🍷

MG 🔵

20 Kcal

1 Laver et égrener le raisin. Couper les poires en 4, les épépiner, les peler et les couper en tranches. Les faire cuire dans une poêle avec la margarine environ 5 minutes sur feu doux, en les retournant une fois. Les mettre de côté quand elles sont tendres.

2 Battre les jaunes d'œufs, le lait en poudre, le citron et la cannelle pour obtenir une crème lisse. Monter les blancs en neige et les ajouter aux jaunes.

3 Mettre cette préparation dans une poêle antiadhésive, ajouter les tranches de poire et les grains de raisin. Cuire 5 minutes à feu moyen. Quand des bulles éclatent à la surface, enfourner à 15 cm du gril préchauffé.

4 Surveiller jusqu'à ce que le soufflé soit légèrement gonflé et le dessus doré. (Peut être préparé la veille et réchauffé).

On peut remplacer les poires par des pommes. En été, pêches (pas trop mûres), abricots ou nectarines vous régaleront également. À la place de la cannelle, on peut utiliser de la vanille.

■ COCKTAIL DE CONCOMBRE

Coût : ★ Diff. : ■
Préparation : 5 min

POUR 4 PERSONNES

1 concombre
sel
4 feuilles de menthe
1 citron
4 cs de crème fraîche allégée

LES PORTIONS

Pour 1 personne

15 Kcal

1 Éplucher le concombre (en réserver 8 rondelles non épluchées). Le mettre dans une centrifugeuse avec une pincée de sel, les feuilles de menthe, le jus d'un quart du citron et la crème fraîche. Mixer le tout.

2 Verser dans des verres et décorer avec les rondelles de concombre. Servir bien frais.

■ COCKTAIL DE FRUITS

Coût : ★ Diff. : ■
Préparation : 5 min

POUR 4 PERSONNES

25 cl de jus de pamplemousse
25 cl de jus d'orange
25 cl de jus d'ananas
4 cc de sirop de grenadine
4 cerises

LES PORTIONS

Pour 1 personne

10 Kcal

1 Verser les jus de fruits dans chaque verre.

2 Ajouter délicatement la grenadine, qui tombera a fond. Décorer d'une cerise et servir très frais.

■ COCKTAIL DE FRUITS ROUGES AU ROSÉ

Coût : ★ ★ Diff. : ■
Préparation :
Cuisson : 10 min

POUR 4 PERSONNES

50 cl de vin rosé
1 bâton de cannelle
2 étoiles d'anis
4 cc de sucre glace
4 cc de liqueur de framboise
100 g de framboises
100 g de mûres
100 g de groseilles
100 g de myrtilles

LES PORTIONS

Pour 1 personne

125 Kcal

1 Faire bouillir et réduire le vin avec les épices 10 minutes à feu vif. Ajouter le sucre glace et poursuivre la cuisson 1 minute environ.

2 Hors du feu, ajouter la liqueur de framboise. Laisser refroidir et mettre 1 heure au réfrigérateur.

3 Répartir les fruits mélangés dans des coupes et ajouter le vin parfumé glacé. Servir aussitôt.

COCKTAIL DE LÉGUMES

Coût : ★ Diff. : ■
Préparation : 5 min

POUR 4 PERSONNES

8 tomates
2 carottes
4 feuilles d'épinard
1 branche de céleri
6 feuilles de menthe
1 citron
sel

LES PORTIONS

Pour 1 personne
🄻

1 Plonger les tomates 1 minute dans l'eau bouillante et les peler. Éplucher les carottes et équeuter les épinards.

2 Mettre tous les légumes (tomates, carottes, épinards et céleri) dans un mixeur avec 3 ou 4 feuilles de menthe, le jus d'un quart du citron et 5 cl d'eau. Mixer et ajouter 1 pincée de sel.

3 Verser dans des verres et décorer de rondelles de citron et de feuilles de menthe.

Servir bien frais.

Coût : ★ ★ ★ Diff. : ■
Préparation : 5 min

POUR 4 PERSONNES

16 glaçons
1/2 melon vert
1/2 pastèque
2 cc de curaçao orange
2 cc de Grand Marnier
2 cc de cognac
50 cl de champagne

LES PORTIONS

Pour 1 personne
🅐
125 Kcal

COCKTAIL MELON PASTÈQUE

1 Piler les glaçons au mixeur et les répartir dans chaque verre.

2 Ajouter à chacun 4 boules de melon vert et 4 boules de pastèque. Verser dessus 1 trait de curaçao orange, de Grand Marnier et de cognac. Remplir le reste des verres avec le champagne.

3 Servir aussitôt avec une paille et une cuillère.

■THÉ GLACÉ AUX FRUITS

Coût : ★ Diff. : ■
Préparation : 5 min

POUR 8 PERSONNES

5 sachets de thé aux fruits
(parfum au choix)
25 cl de jus de pomme
75 cl d'eau gazeuse
2 citrons verts
glaçons
feuilles de menthe

LES PORTIONS

Pour 1 personne

15 Kcal

1 Préparer le thé avec 1, 5 litre d'eau et les 5 sachets de thé parfumé. Laisser refroidir. Ajouter le jus de pomme et garder au frais.

2 Au moment de servir, ajouter l'eau gazeuse et les citrons verts coupés en fines rondelles, ainsi que les glaçons.

3 Décorer de feuilles de menthe.

■TOUT CITRON

Coût : ★ Diff. : ■
Préparation : 5 min

POUR 4 PERSONNES

thé noir
4 cc de sucre en poudre
1 citron
1 citron vert
1 petit bouquet de mélisse ou de citronnelle
glaçons

LES PORTIONS

Pour 1 personne

20 Kcal

1 Préparer 1 litre de thé noir léger. Laisser tiédir. Sucrer. Ajouter les 2 citrons coupés en fines rondelles, ainsi que le petit bouquet de mélisse.

2 Laisser infuser 1 heure.

3 Servir très froid avec des glaçons.

CRÈME DE CRESSON

Coût : ★ Diff. : ■
Préparation : 20 min
Cuisson : 30 min (ou 10
min à l'autocuiseur)

POUR 4 PERSONNES

1 belle botte de cresson (300 g)
200 g de carottes
100 g d'épinards
100 g d'oignons
1 cube de bouillon de légumes
80 g de riz rond
1 brin de thym

LES PORTIONS

Pour 1 personne

5 Kcal

1 Laver les légumes sous l'eau fraîche. Ôter les tiges trop dures du cresson. Ne conserver que les feuilles. Éplucher les carottes et les oignons. Émincer les légumes.

2 Porter à ébullition environ 1 litre d'eau. Ajouter le bouillon et le riz. Faire bouillir en remuant, puis ajouter les légumes émincés et le thym. Baisser le feu et laisser mijoter 30 minutes (ou 10 minutes à l'autocuiseur).

3 Lorsque les légumes et le riz sont cuits, retirer le thym et mixer le potage très finement. Le riz va donner un velouté très agréable au potage. Servir chaud.

GRATINÉE À L'OIGNON

Coût : ★ Diff. : ■
Préparation : 20 min
Cuisson : 40 min

POUR 4 PERSONNES

900 g d'oignons
4 cc de margarine
1 cube de bouillon de volaille
dégraissé
120 g de pain complet
60 g de gruyère allégé
sel, poivre

LES PORTIONS

Pour 1 personne

MG
5 Kcal

1 Éplucher les oignons et les émincer le plus fin possible, de préférence à l'aide d'un robot électrique.

2 Faire fondre la margarine dans une large poêle anti-adhésive. Ajouter les oignons et les laisser fondre à feu très doux, en remuant, pendant 15 minutes. Ils doivent être à peine colorés. Ajouter 75 cl d'eau chaude et le cube de bouillon. Saler modérément, mais bien poivrer. Laisser mijoter à feu doux 15 minutes.

3 Pendant ce temps, préchauffer le gril du four. Couper le pain en tranches assez fines (4 ou 8) et le faire griller dans un grille-pain. Râper le fromage et le répartir sur les tranches de pain.

4 Verser le potage dans une soupière allant au four. Disposer par-dessus les tranches de pain au fromage. Passer sous le gril pendant 5 minutes environ, le temps de faire gratiner le fromage. Servir rapidement.

On peut également préparer quatre bols individuels, ce qui permet de servir et de consommer la soupe encore plus chaude.

MIJOTÉE DE LENTILLES

1 Rincer les lentilles sous l'eau fraîche. Laver et éplucher les légumes. Porter à ébullition 75 cl d'eau.

2 Couper les pommes de terre et les navets en dés. Émincer les poireaux et les oignons. Couper les carottes et le céleri en rondelles.

3 Jeter les lentilles dans l'eau bouillante, ainsi que le thym et le laurier. Faire cuire 5 minutes à l'autocuiseur, à partir du chuchotement de la soupape. Ouvrir la cocotte et ajouter tous les légumes. Saler et poivrer. Faire cuire à nouveau pendant 15 minutes à partir du chuchotement de la soupape.

4 Au moment de servir, rectifier l'assaisonnement. On peut mixer ou non ce potage, selon les goûts.

Coût : ★ Diff. : ■
Préparation : 20 min
Cuisson : 20 min
à l'autocuiseur

POUR 4 PERSONNES

160 g de lentilles
400 g de pommes de terre
200 g de blanc de poireau
100 g de carottes
100 g de navets
100 g d'oignons
100 g de céleri en branche
1 brin de thym
1/2 feuille de laurier
sel, poivre

LES PORTIONS

Pour 1 personne

POTAGE D'HIVER À LA FONDUE D'ENDIVES

Coût : ★ Diff. : ■
Préparation : 20 min
Cuisson : 35 min
(15 min à l'autocuiseur)

POUR 4 PERSONNES

600 g d'endives
400 g de pommes de terre
1 cc de margarine
1 cc de sucre
2 cs de jus de citron
1 cube de bouillon de volaille
50 g de fromage blanc à 0 %
4 brins de cerfeuil
poivre

LES PORTIONS

Pour 1 personne

25 Kcal

1 Laver les endives et les pommes de terre. Émincer les endives très finement, en prenant soin d'ôter l'intérieur de la base, souvent amer. Éplucher les pommes de terre, puis les couper en petits dés.

2 Faire fondre la margarine dans une cocotte. Ajouter les endives et le sucre, et laisser fondre à feu doux pendant 5 minutes, en remuant. Ajouter les pommes de terre, le jus de citron, le bouillon et 50 cl d'eau. Poivrer et porter à ébullition, puis laisser cuire 30 minutes (ou 10 minutes à l'autocuiseur).

3 Au moment de servir, prélever une bonne louche de potage et la mixer. Remettre le potage mixé dans la cocotte, avec le reste. Rectifier l'assaisonnement, puis lier avec le fromage blanc, et saupoudrer de brins coupés de cerfeuil. Servir chaud, en évitant de faire bouillir le potage, à cause du fromage blanc.

POTAGE DE POIS CHICHES À L'ORIENTALE

Coût : ★ Diff. : ■
Préparation : 15 min
Cuisson : 35 min

POUR 4 PERSONNES

1 boîte de pois chiches (240 g
égouttés)
350 g de tomates bien mûres
100 g d'oignons
2 gousses d'ail
1 cc d'huile d'olive
1 bouquet de persil plat
30 g de raisins secs
1 cc de curry
sel, poivre

LES PORTIONS

Pour 1 personne

25 Kcal

1 Égoutter les pois chiches dans une passoire. Éplucher les oignons et l'ail. Couper les tomates en dés.

2 Faire chauffer l'huile dans une grande cocotte. Ajouter les oignons émincés et l'ail. Laisser dorer 5 minutes à feu très doux, en remuant. Laver le persil, éliminer les tiges dures. Ajouter dans la cocotte les tomates, les pois chiches, les raisins, le persil et le curry. Saler, poivrer et mouiller avec 50 cl d'eau.

3 Faire cuire à feu très doux pendant 30 minutes. Mixer le potage et servir très chaud.

POTAGE AUX TOMATES FRAÎCHES

Coût : ★ Diff. : ■
Préparation : 20 min
Cuisson : 30 min
(10 min à l'autocuiseur)

POUR 4 PERSONNES

900 g de tomates bien mûres
400 g de pommes de terre
3 gousses d'ail
2 cc d'huile d'olive
3 brins de basilic
sel, poivre

LES PORTIONS

Pour 1 personne

1 Porter à ébullition 1 litre d'eau. Ajouter les tomates, en deux fois. Laisser bouillir 2 minutes, puis les égoutter. Lorsqu'elles sont tièdes, les éplucher (la peau s'enlève alors très facilement). Les couper en dés, en retirant les pépins. Réserver dans un saladier.

2 Laver et éplucher les pommes de terre, puis les couper en dés. Éplucher l'ail.

3 Faire chauffer dans une cocotte à fond épais l'huile d'olive, puis ajouter l'ail. Laisser dorer 3 minutes à feu très doux, en évitant de le faire brûler. Ajouter les pommes de terre et les tomates. Saler et poivrer. Remuer et laisser cuire pendant 30 minutes, ou 10 minutes à l'autocuiseur.

4 Quand les légumes sont cuits, les mixer et rectifier l'assaisonnement. Servir chaud, avec le basilic ciselé.

■ POTAGE AU POTIRON

Coût : ★ Diff. : ■
Préparation : 15 min
Cuisson : 30 min
(10 min à l'autocuiseur)
POUR 4 PERSONNES

400 g de potiron
200 g de carottes
400 g de pommes de terre
25 cl de lait écrémé
1 bouquet de persil plat
sel, poivre

LES PORTIONS

Pour 1 personne

20 Kcal

1 Éplucher les légumes. Les couper en dés. Laver le persil, en garder 4 branches pour la décoration.

2 Porter le lait à ébullition avec la même quantité d'eau. Ajouter les légumes et le persil dans le liquide bouillant. Saler et poivrer. Porter à ébullition et faire cuire 30 minutes à feu doux, ou 10 minutes à l'autocuiseur.

3 Quand les légumes sont cuits, les mixer finement. Rectifier l'assaisonnement et servir chaud, saupoudré de pluches de persil.

POTAGE
AUX TROIS HARICOTS

1 Égoutter soigneusement les haricots rouges et les flageolets. Laver les autres légumes. Couper les haricots verts en petits morceaux, les carottes, les tomates et les courgettes en minuscules dés.

2 Porter 1 litre d'eau à ébullition. Ajouter le cube de bouillon, le thym, le laurier, l'ail et les légumes.

3 Laisser mijoter 35 minutes à feu doux. Ôter le thym et le laurier. Rectifier l'assaisonnement et servir brûlant, relevé de parmesan.

Coût : ★ Diff. : ■
Préparation : 20 min
Cuisson : 40 min

POUR 4 PERSONNES

240 g de haricots rouges cuits (reste ou en boîte)
240 g de flageolets cuits (reste ou en boîte)
150 g de haricots verts
150 g de carottes
150 g de tomates
150 g de courgettes
1 cube de bouillon de poule dégraissé
1 brin de thym
1/2 feuille de laurier
1 gousse d'ail
20 g de parmesan

LES PORTIONS

Pour 1 personne

25 Kcal

Coût : ★ Diff. : ■
Préparation : 25 min
Cuisson : 30 min

POUR 4 PERSONNES

250 g de blanc de poulet
100 g de carottes
100 g d'oignons
100 g de germes de soja
15 g de champignons noirs
déshydratés (100 g réhydratés)
100 g de blanc de poireau
100 g de chou vert
1 cube de bouillon de volaille
dégraissé
2 cs de sauce soja
1 cc de purée de piment
1 brin de coriandre
80 g de pâtes longues
asiatiques
sel

LES PORTIONS

Pour 1 personne

🔵

🔴
5 Kcal

■ POTAGE VIETNAMIEN AU POULET

1 Couper le poulet en fines lanières. Laver les légumes, les éplucher si besoin, puis les émincer en fine julienne (sauf les germes de soja).

2 Porter 1 litre d'eau à ébullition. Ajouter le bouillon, la sauce soja et la purée de piment. Ajouter les légumes, sauf le soja, puis le poulet. Couvrir et laisser cuire 25 minutes à feu doux.

3 Lorsque les légumes sont cuits, ajouter les pâtes en les brisant grossièrement avec les mains. Laisser cuire 3 minutes (ou plus, selon les marques).

4 Au moment du repas, rectifier l'assaisonnement du potage, qui doit être bien relevé. Ajouter au besoin du piment, de la sauce soja et du sel. Verser dans le potage bouillant les germes de soja et la coriandre. Servir aussitôt.

Les produits asiatiques sont disponibles dans les grandes surfaces et dans les épiceries asiatiques.

■ VELOUTÉ DE BROCOLIS

1 Laver les légumes. Éplucher les échalotes, les carottes et les pommes de terre. Détailler les brocolis en petits bouquets, couper les autres légumes en petits morceaux.

2 Porter à ébullition 1 litre d'eau dans une grande casserole. Ajouter le bouillon et les légumes. Saler et poivrer légèrement. Laisser cuire 30 minutes à feu doux, ou 10 minutes à l'autocuiseur.

3 Lorsque les légumes sont cuits, les mixer finement, puis rectifier l'assaisonnement. Ajouter la crème et le persil haché, puis servir.

Coût : ★ Diff. : ■
Préparation : 15 min
Cuisson : 30 min
(10 min à l'autocuiseur)

POUR 4 PERSONNES

400 g de brocolis
100 g d'échalotes
100 g de carottes
400 g de pommes de terre
1 cube de bouillon de légumes
1 cs de crème fraîche
2 cc de persil haché
sel, poivre

LES PORTIONS

Pour 4 personnes

🔵

🔴
10 Kcal

■ASSIETTE AMOUREUSE

1 Faire ramollir les feuilles de gélatine dans de l'eau froide.

2 Réserver 20 g d'œufs de cabillaud pour la décoration. Mixer le reste avec le fromage blanc et le jus de citron. Incorporer la gélatine dissoute dans 1 cuillère à soupe d'eau bouillante. Saler, poivrer. Mélanger délicatement.

3 Verser dans 2 petits moules en forme de cœur. Réserver 2 heures au réfrigérateur.

4 Laver et sécher les légumes. Effeuiller la salade. Émincer très finement le radis noir non épluché, les tomates et les champignons.

5 Préparer la sauce en mélangeant l'huile, le vinaigre et la ciboulette finement ciselée. Saler, poivrer.

6 Sur deux assiettes de service, déposer la salade, former une rosace avec les rondelles de radis noir, de tomates et de champignons. Arroser de sauce.

7 Démouler le petit cœur de tarama sur la salade. Décorer avec les œufs de cabillaud restants et une feuille de menthe.

À défaut de moules, confectionner deux cœurs en carton doublé de papier aluminium.

Coût : ★ Diff. : ■	
Préparation : 15 min	

POUR 2 PERSONNES

1/2 radis noir
1 petit pied de salade « feuille de chêne »
2 tomates
quelques champignons de Paris

Pour la sauce :
4 cc d'huile d'olive
1 cc de vinaigre de xérès
4 brins de ciboulette
sel
poivre du moulin

Pour le tarama :
100 g de fromage blanc à 10 %
120 g d'œufs de cabillaud
1/2 citron
1 feuille 1/2 de gélatine
sel
poivre
2 feuilles de menthe fraîche

LES PORTIONS

Pour 1 personne

🅖

🅜🅖 🅜🅖 🔆

55 Kcal

■CŒURS DE LAITUE AUX MOULES

1 Nettoyer les moules. Les faire ouvrir dans une grande casserole avec le verre de vin blanc, l'oignon haché et le bouquet garni. Les laisser tiédir et les décoquiller.

2 Nettoyer les cœurs de laitue. Les essorer.

3 Couper les oignons blancs en rondelles.

4 Peler les betteraves et les détailler en cubes.

5 Préparer la vinaigrette en mélangeant l'huile, le vinaigre et la moutarde. Mélanger avec la salade.

6 Déposer les moules dans les cœurs de salade assaisonnés. Ajouter autour les dés de betterave. Saupoudrer de persil ciselé.

Coût : ★ Diff. : ■
Préparation : 20 min
Cuisson : 10 min

POUR 4 PERSONNES

4 cœurs de laitue
200 g de betteraves rouges cuites
1,2 kg de moules
1 oignon
12,5 cl de vin blanc
1 bouquet garni
4 cc d'huile
1 cc de vinaigre de cidre
1 cc de moutarde à l'ancienne
2 oignons blancs
persil plat

LES PORTIONS

Pour 1 personne

MG
25 Kcal

MESCLUN AUX FLEURS

Coût : ★ ★ Diff. : ■
Préparation : 10 min

POUR 4 PERSONNES

100 g de feuille de chêne
100 g de pourpier
100 g de roquette
100 g de frisée blanche
2 jeunes endives
4 cc d'huile d'olive
1 cc de vinaigre de framboise
1 pincée de sel
poivre du moulin
ciboulette
persil
basilic
1 cs de câpres
quelques fleurs de capucine

LES PORTIONS

Pour 1 personne

MG

1 Nettoyer les salades. Les essorer. Couper les plus grandes feuilles. Effeuiller les endives.

2 Dans un grand récipient, mélanger les salades et les endives avec l'huile, le vinaigre, le sel et les câpres. Donner un tour de moulin à poivre.

3 Saupoudrer de fines herbes ciselées et disposer sur le dessus quelques fleurs de capucine.

On peut remplacer les capucines par des fleurs de violette, de pensée sauvage, des pétales de bourrache, de mauve, de souci, de rose ou d'œillet.

■SALADE DE BLÉ AU BASILIC

1 Laisser gonfler les raisins secs dans un peu d'eau.

2 Faire cuire le blé dans l'eau bouillante salée pendant 10 minutes. Égoutter et laisser refroidir.

3 Couper la tomate, le fenouil et le poivron en petits dés. Émincer l'oignon.

4 Mêler tous les ingrédients avec l'huile et le vinaigre. Saler et poivrer, bien mélanger. Saupoudrer de basilic ciselé.

Coût : ★ Diff. : ■
Préparation : 10 min
Cuisson : 10 min

POUR 4 PERSONNES

80 g de blé cru (240 g de blé cuit type Ebly)
1 tomate (100 g)
1 fenouil (100 g)
1/2 poivron vert
1 oignon rouge d'Espagne
60 g de raisins secs
4 cc d'huile d'olive
1 cc de vinaigre de cidre
quelques feuilles de basilic
1 pincée de sel
1 pincée de poivre

LES PORTIONS

Pour 1 personne

MG

■SALADE DE CHOU BLANC À LA MENTHE

Coût : ★ Diff. : ■
Préparation : 20 min

POUR 4 PERSONNES

1 demi-chou blanc
2 pommes rouges (200 g)
1 oignon blanc
50 g d'airelles
1 yaourt nature
4 cc d'huile
le jus d'1 citron
1 bouquet de menthe fraîche
sel
poivre du moulin

LES PORTIONS

Pour 1 personne

MG
25 Kcal

1 Ôter les feuilles qui entourent le chou, le couper e 4, retirer le trognon. Puis couper en fines lamelles.

2 Détailler les pommes en quartiers puis en peti dés. Émincer l'oignon.

3 Dans un saladier, mélanger tous les ingrédien avec le yaourt, l'huile, le jus de citron et la menth inement ciselée. Saler, donner un tour de moulin poivre.

4 Ajouter les airelles avant de servir.

■SALADE DE CRESSON AUX NOIX DE SAINT-JACQUES

1 Couper les noix de Saint-Jacques en fines lamelles. Les étaler dans un plat. Saler, arroser de jus de citron vert et d'huile d'olive. Ajouter quelques grains de poivre vert.

2 Saupoudrer de ciboulette et d'aneth ciselés. Laisser macérer une demi-heure.

3 Verser la préparation dans un saladier. Ajouter le cresson. Mélanger avant de servir.

Coût : ★ ★ ★ Diff. : ■
Préparation : 10 min

POUR 4 PERSONNES

400 g de cresson
240 g de noix de Saint-Jacques
1 citron vert
4 cc d'huile d'olive
1 cs de poivre vert en grains
quelques brins de ciboulette et d'aneth
sel

LES PORTIONS

Pour 1 personne
🖐
MG 🌓

■SALADE D'ÉPINARDS

Coût : ★ ★ Diff. : ■
Préparation : 20 min

POUR 4 PERSONNES

400 g de jeunes feuilles d'épinard
260 g de foies de volaille
1 cc de margarine
1 orange sanguine (100 g)
8 cerises au vinaigre
le jus d'1 citron
2 cc d'huile de tournesol
1 cc d'huile de noisette
quelques brins de ciboulette
sel
poivre du moulin

LES PORTIONS

Pour 1 personne
🖐
🌓 MG

1 Équeuter, laver et essorer les épinards. Les coupe en lanières avec des ciseaux.

2 Couper à vif les quartiers d'orange.

3 Faire griller les foies de volaille avec la cuillère d margarine.

4 Dans un bol, mélanger le jus de citron, les huiles le sel. Mélanger avec les épinards.

5 Dans 4 petits bols, répartir les épinards asso sonnés, les quartiers d'orange, les cerises a vinaigre et les foies de volaille. Donner un tour d moulin à poivre. Saupoudrer de ciboulette.

■ SALADE MULTICOLORE

1 Ébouillanter les tomates un court instant. Les rafraî-chir, enlever la peau. Les couper en 2, puis en petits dés.

2 Rincer les haricots rouges et le maïs, les égoutter.

3 Couper les deux poivrons en fines lanières, puis en petits dés. Couper l'oignon blanc en rondelles, puis en petits morceaux.

4 Préparer la sauce en mélangeant l'huile d'olive, le jus de citron vert et l'ail finement haché. Saler, poivrer modérément, relever avec le piment de Cayenne.

5 Réunir tous les ingrédients dans un saladier. Mélanger délicatement avec la sauce.

6 Laisser au réfrigérateur une demi-heure au moins avant de servir. Décorer au dernier moment avec les olives coupées en 4 et le persil finement ciselé.

Coût : ★ ★ Diff. : ■
Préparation : 20 min

POUR 4 PERSONNES

200 g de tomates
240 g de haricots rouges en conserve
300 g de maïs en grains en conserve
1/2 poivron vert
1/2 poivron rouge
1 oignon blanc
4 olives noires dénoyautées
quelques brins de persil frisé

Pour la sauce :
le jus d'1 citron vert
4 cc d'huile d'olive
1 gousse d'ail
1 pincée de piment de Cayenne moulu
sel, poivre

LES PORTIONS

Pour 1 personne
🔵

🔘 MG
5 Kcal

■SALADE NORDIQUE

1 Mélanger le jus de citron et l'huile avec le fromage blanc. Saler, poivrer, ajouter la ciboulette hachée.

2 Peler les betteraves, les couper en petits dés.

3 Couper le haddock en fines lanières et les cornichons en rondelles.

4 Réunir tous les ingrédients, mélanger et réserver au frais quelques minutes avant de servir.

Coût : ★ Diff. : ■
Préparation : 10 min

POUR 4 PERSONNES

600 g de betteraves cuites
280 g de filets de haddock
4 petits cornichons
le jus d'1 citron
100 g de fromage blanc à 0 %
2 cc d'huile d'olive
1 pincée de sel
poivre du moulin
ciboulette

LES PORTIONS

Pour 1 personne

10 Kcal

■SALADE DE RIZ EXOTIQUE

Coût : ★ Diff. : ■
Préparation : 20 min
Cuisson : 20 min

POUR 4 PERSONNES

120 g de riz thaï cru
(ou 300 g de riz cuit)
375 g de blanc de poulet cru
(ou 300 g cuit)
2 oignons blancs
1 botte de radis
1 citron vert
ciboulette
coriandre
4 cc d'huile d'olive
2 cc de sauce soja
sel

LES PORTIONS

Pour 1 personne

1 Faire cuire le riz pendant 10 minutes dans de l'eau bouillante salée. Réserver.

2 Faire revenir les lanières de poulet dans une cuillère à café d'huile. Ajouter la sauce soja, mélanger pour caraméliser.

3 Émincer les oignons. Couper les radis en rondelles.

4 Dans un saladier, mélanger le riz, le poulet, le jus de citron et le reste d'huile. Ajouter les oignons hachés et les radis coupés en rondelles. Saupoudrer de ciboulette et de coriandre. Bien mélanger avant de servir.

■BRICKS AU CHÈVRE

1 Préchauffer le four th. 6 (180 °C). Verser le fromage dans un bol et l'écraser à l'aide d'une fourchette.

2 Décortiquer les pistaches, les écraser grossièrement avec un pilon. Les ajouter au fromage. Laver le persil, le hacher et le verser dans le bol. Ajouter ensuite les graines de fenouil, le paprika, puis saler et poivrer.

3 Étaler les feuilles de brick sur le plan de travail. Répartir la farce au fromage sur les feuilles, puis les replier sur elles-mêmes afin d'enfermer la farce.

4 Faire fondre la margarine au bain-marie ou au micro-ondes. En badigeonner les feuilletés à l'aide d'un pinceau, puis les déposer dans un moule antiadhésif.
Faire cuire 15 minutes environ, en surveillant. Servir chaud, avec une salade verte.

Coût : ★ Diff. : ■ ■
Préparation : 15 min
Cuisson : 15 min

POUR 4 PERSONNES

120 g de chèvre frais
20 g de pistaches grillées et salées
4 brins de persil frisé
1 pincée de graines de fenouil
1 pincée de paprika
4 feuilles de brick
2 cc de margarine allégée

LES PORTIONS

Pour 1 personne

🔵 🅜🅖

● + 20 Kcal

Coût : ★ ★ ★ Diff. : ■ ■
Préparation : 20 min
Cuisson : 20 min

POUR 4 PERSONNES

300 g de champignons de Paris
300 g de lotte
2 cc de margarine
1 cc de Maïzena
1 dose de safran
2 cs de crème allégée
3 brins de cerfeuil
sel, poivre

LES PORTIONS

Pour 1 personne

🔵 🅜🅖
10 Kcal

■COQUILLES DE LOTTE AU SAFRAN

1 Laver et équeuter les champignons. Les émincer ou les garder entiers s'ils sont de petite taille. Couper la lotte en 4 morceaux.

2 Faire chauffer la margarine dans une poêle anti-adhésive. Ajouter la lotte, la faire revenir 5 minutes en remuant, sans colorer. Réserver le poisson sur une assiette. Verser les champignons dans la poêle. Les laisser fondre 10 minutes à feu doux, en remuant.

3 Remettre le poisson dans la poêle, saupoudrer de Maïzena, ajouter le safran et la crème. Saler et poivrer. Mélanger et porter à ébullition. Laisser mijoter 5 minutes, puis ôter du feu. Répartir dans 4 coquilles ou verser dans un plat chaud, décorer avec le cerfeuil et servir immédiatement.

CRÊPES AUX CHAMPIGNONS GRATINÉES

1 Préparer la pâte à crêpes : mélanger la farine, les œufs et le lait. Ajouter une pincée de sel, bien mélanger et laisser en attente pendant la préparation de la garniture.

2 Passer les champignons rapidement sous l'eau fraîche, ôter leur pied sableux. Les essuyer soigneusement, puis les émincer. Laver le persil, le hacher, éplucher la gousse d'ail.

Faire fondre la margarine dans une poêle antiadhésive, ajouter les champignons, l'ail et le persil. Faire revenir à feu moyen pendant 10 minutes en remuant sans arrêt. Saupoudrer de Maïzena, verser le lait et laisser épaissir à feu doux pendant 5 minutes. Saler, poivrer, ajouter la muscade, puis retirer du feu.

3 Préchauffer le gril du four.
Faire cuire 8 petites crêpes fines dans une poêle antiadhésive, avec la pâte préparée précédemment.

4 Garnir les crêpes du mélange aux champignons, puis les ranger dans un plat allant au four. Répartir le gruyère râpé par-dessus et faire gratiner pendant 5 minutes. Servir chaud.

Coût : ★ Diff. : ■
Préparation : 25 min
Cuisson : 30 min
POUR 4 PERSONNES
Pâte à crêpes :
60 g de farine
2 œufs
12,5 cl de lait écrémé
Garniture :
300 g de champignons de Paris
5 brins de persil
1 gousse d'ail
1 cc de margarine
1 pincée de noix de muscade
4 cc de Maïzena
12,5 cl de lait écrémé
75 g de gruyère allégé râpé
sel, poivre
LES PORTIONS
Pour 1 personne
● ●
10 Kcal

61

CRÊPES FOURRÉES AU CRABE

Coût : ★ Diff. : ■
Préparation : 15 min
Cuisson : 15 min

POUR 4 PERSONNES

Pâte à crêpes :
60 g de farine
2 œufs
12,5 cl de lait écrémé

Garniture :
240 g de crabe en boîte
2 brins d'aneth
2 brins de persil
2 cornichons
4 cs rases de crème allégée
2 cc de jus de citron
sel, poivre

LES PORTIONS

Pour 1 personne

● ◑
15 Kcal

1 Préparer la pâte à crêpes : mélanger la farine, les œufs et le lait dans un saladier. Saler, poivrer et laisser en attente à température ambiante.

2 Bien égoutter le crabe, l'émietter et ôter les cartilages qui peuvent rester dans la chair.

3 Laver l'aneth et le persil. Séparer les feuilles et les hacher, ainsi que les cornichons. Verser ce hachis dans un petit bol, ajouter la crème et le jus de citron. Saler modérément, mais bien poivrer. Ajouter le crabe et mélanger.

4 Faire cuire 8 petites crêpes fines dans une poêle antiadhésive, avec la pâte préparée. Garnir les crêpes de la préparation au crabe et servir. Ces crêpes se consomment chaudes : les réchauffer quelques instants dans une poêle antiadhésive, si nécessaire.

CROSTINI AUX ANCHOIS

Coût : ★ Diff. : ■
Préparation : 10 min
Cuisson : 5 min

POUR 4 PERSONNES

4 belles tranches de pain de campagne (4 x 60 g)
200 g de fromage blanc à 0 % en faisselle
120 g de mozzarella
40 g de filets d'anchois
1 pincée d'origan
sel, poivre

LES PORTIONS

Pour 1 personne

● ⓑ

● + 15 Kcal

1 Faire légèrement griller le pain au grille-pain. Préchauffer le gril du four.

2 Égoutter le fromage blanc, en pressant dessus avec les mains. Couper la mozzarella en petits dés, ainsi que les anchois.

3 Verser le fromage blanc dans un bol. Poivrer et saler (très peu), ajouter l'origan. Tartiner le pain de fromage blanc, puis disposer par-dessus la mozzarella et les anchois. Passer sous le gril chaud pendant 5 minutes environ.

4 Servir les crostini bien dorés, accompagnés de salade verte.

CUISSES DE GRENOUILLES AU BASILIC

1 Laisser décongeler les cuisses de grenouilles 1 heure à température ambiante. Éplucher les gousses d'ail et les émincer. Laver le basilic et l'essuyer soigneusement.

2 Faire chauffer l'huile dans une large poêle anti-adhésive. Ajouter les cuisses de grenouilles. Les faire revenir 5 minutes à feu vif, en remuant. Ajouter l'ail et la moitié du basilic. Poivrer fortement et saler. Faire cuire encore 5 minutes en remuant.

3 Au moment de servir, ajouter le reste du basilic et servir chaud ou tiède.

Coût : ★ Diff. : ■
Préparation : 5 min
(1 heure de décongélation)
Cuisson : 10 min
POUR 4 PERSONNES
400 g de cuisses de grenouilles surgelées (240 g net)
2 gousses d'ail
2 cc d'huile
5 feuilles de basilic
sel, poivre noir
LES PORTIONS
Pour 1 personne
Ⓓ ℳ𝒢

FEUILLETÉS AUX OIGNONS CONFITS

1 Préchauffer le four th. 6 (180 °C).
Éplucher et émincer les oignons très fin, à l'aide d'un robot.

2 Faire chauffer l'huile dans une grande poêle antiadhésive. Ajouter les oignons, le sucre et le thym. Laisser fondre, à feu très doux, pendant 20 minutes, en remuant. Si les oignons ont tendance à attacher, ajouter 2 cuillères à soupe d'eau. Retirer du feu lorsque les oignons sont tendres, mais à peine colorés. Les diviser en 8 parts égales, dans la poêle.

Coût : ★ Diff. : ■ ■
Préparation : 20 min
Cuisson : 30 min
POUR 4 PERSONNES
600 g d'oignons
1 cc d'huile
1 cc de sucre en poudre
1 brin de thym
8 feuilles de brick
2 cc de margarine allégée
10 g de graines de sésame
LES PORTIONS
Pour 1 personne
Ⓛ
◐ ℳ𝒢
20 Kcal

3 Étaler les feuilles de brick sur le plan de travail. Les farcir une par une d'une portion d'oignons. Les replier sur elles-mêmes en forme de rectangle et les disposer au fur et à mesure sur une plaque à pâtisserie antiadhésive.

4 Faire fondre la margarine au bain-marie ou au micro-ondes. Badigeonner les feuilletés de margarine à l'aide d'un pinceau, puis y faire adhérer quelques graines de sésame. Faire cuire 10 minutes à four chaud et déguster tiède, avec des crudités.

■FLANS DE COURGETTES

Coût : ★ Diff. : ■
Préparation : 20 min
Cuisson : 25 min

POUR 4 PERSONNES

700 g de courgettes
2 échalotes
1 gousse d'ail
3 cc d'huile d'olive
10 cl de crème fraîche allégée épaisse
2 œufs
1 cc de margarine
sel, poivre

LES PORTIONS

Pour 1 personne

🅖

🅜🅖 Ⓛ
20 Kcal

1 Prélever la peau des courgettes en longues lanières avec un couteau économe. Les plonger 1 minute dans de l'eau bouillante salée. Les rincer sous l'eau froide et les égoutter.

2 Couper la chair des courgettes en dés. Peler et hacher les échalotes. Les faire revenir dans l'huile d'olive avec les courgettes et l'ail écrasé. Couvrir, laisser mijoter 15 minutes.

3 Préchauffer le four th. 6 (180 °C).

4 Mélanger la crème et les œufs. Ajouter les dés de courgettes. Saler, poivrer. Mélanger délicatement.

5 Beurrer 4 ramequins avec la cuillère de margarine. Les tapisser avec les lanières de courgettes en les laissant largement dépasser.

6 Ajouter la préparation aux courgettes. Rabattre les lanières de courgettes.

7 Faire cuire au bain-marie 20 minutes dans le four.

8 Présenter les flans de courgettes démoulés dans chaque assiette, accompagné d'un coulis de tomates chaud.

MOUSSE D'AUBERGINE

Coût : ★ Diff. : ■
Préparation : 25 min
Cuisson : 30 min

POUR 4 PERSONNES

800 g d'aubergines
3 gousses d'ail
100 g d'oignons blancs
4 brins de persil
4 brins de ciboulette
1/2 citron
sel, poivre

LES PORTIONS

Pour 1 personne

⚫

1 Préchauffer le four th. 6 (180 °C).
Laver les aubergines, pratiquer quelques incisions sur leur peau à l'aide d'un couteau pointu, pour éviter qu'elles éclatent pendant la cuisson. Les disposer sur la plaque du four et les faire cuire 30 minutes.

2 Les sortir du four et laisser tiédir.
Éplucher l'ail et les oignons, laver le persil et la ciboulette. Hacher l'ensemble très finement, saler et poivrer.

3 Retirer la peau des aubergines et récupérer la chair dans un saladier. La mixer très finement, en y ajoutant le jus de citron. Saler et poivrer, ajouter le hachis d'herbes.

4 Verser le mélange dans un saladier, couvrir d'une feuille de film étirable et laisser au frais jusqu'au moment du repas.

La mousse d'aubergine accompagne les crudités d'été, ou se tartine sur du pain grillé.

■ MOUSSE D'AVOCAT AUX CREVETTES

Coût : ★ Diff. : ■
Préparation : 30 min
Pas de cuisson

POUR 4 PERSONNES

1,5 feuille de gélatine
100 g d'avocats bien mûrs
(2 petits)
1/2 citron
200 g de fromage blanc à 0 %
1/2 cc de purée de piment
(facultatif)
1 gousse d'ail
240 g de crevettes roses
décortiquées
(surgelées ou en boîte)
600 g de tomates bien mûres
1 cc d'huile d'olive
2 cc de vinaigre de vin
sel, poivre

LES PORTIONS

Pour 1 personne

50 Kcal

1 Faire tremper la gélatine dans une assiette creuse remplie d'eau froide. Éplucher les avocats et les couper en petits dés. Les mettre dans le bol du mixeur et ajouter le jus de citron, pour ne pas qu'ils noircissent. Mixer pour obtenir une pâte lisse.

2 Verser la purée d'avocat dans un saladier. Travailler la purée à l'aide d'un fouet électrique (ou à défaut, à la main), ajouter petit à petit le fromage blanc. Verser la purée de piment (facultatif) et l'ail émincé. Saler et poivrer.

3 Essorer la gélatine et la délayer dans un quart de verre d'eau bouillante. Verser le mélange dans la purée d'avocat. Travailler encore quelques instants au fouet.
Essuyer les crevettes dans une feuille de papier absorbant. Les incorporer délicatement dans la mousse et verser le mélange dans petits ramequins. Laisser au froid jusqu'au moment du repas.

4 Laver les tomates, les couper en petits dés, en prenant soin d'ôter les graines. Les assaisonner avec l'huile, le vinaigre, du sel et du poivre. Démouler les mousses d'avocat sur 4 assiettes de service et les entourer de dés de tomate. Servir bien frais.

■ ŒUFS AU CRABE

1 Faire cuire les œufs 10 minutes à l'eau bouillante, les écaler et les couper en 2 dans le sens de la longueur. Retirer les jaunes et réserver.

2 Égoutter le crabe. Enlever les cartilages.

3 Peler et hacher l'oignon et les cornichons.

4 Nettoyer, laver et essorer le cresson.

5 Peler et couper en tranches fines le demi-concombre.

6 Mélanger crabe, oignon, cornichons et ciboulette hachée. Ajouter le jus du citron. Saler, poivrer légèrement et ajouter le zeste râpé du citron. Mettre quelques gouttes de Tabasco. Bien mélanger le tout.

7 Préparer la sauce : écraser 2 jaunes d'œufs et mélanger avec l'huile et le vinaigre. Saler et poivrer.

8 Prendre 4 assiettes. Répartir sur chacune le cresson, les rondelles de concombre et les moitiés de blancs d'œufs. Remplir ces derniers avec le mélange au crabe. Écraser les 2 jaunes restants et saupoudrer sur la préparation.

9 Servir frais, la sauce à part.

Coût : ★ ★ Diff. : ■
Préparation : 15 min
Cuisson : 10 min
POUR 4 PERSONNES
4 œufs
1 boîte de crabe (120 g)
1 oignon
4 petits cornichons
200 g de cresson
1/2 concombre
1 botte de ciboulette
1 citron
Tabasco
4 cc d'huile d'olive
4 cc de vinaigre de xérès
sel, poivre
LES PORTIONS
Pour 1 personne
MG ●
30 Kcal

■ ŒUFS EN GELÉE AU SAUMON FUMÉ

1 Casser les œufs dans 4 tasses, sans briser le jaune. Porter à ébullition 50 c d'eau additionnée de vinaigre, puis baisser le feu. Faire glisser les œufs dans l'eau frémissante et les laisser cuire 5 minutes. Les sortir de l'eau avec une écumoire et les laisser égoutter sur du papier absorbant. Recouper les bords avec un couteau pour une jolie présentation.

2 Émincer le saumon en fines lanières. Préparer la gelée comme indiqué sur l'emballage : en général, diluer le sachet dans 50 cl d'eau froide et porter à ébullition. Laisser tiédir.

3 Verser un peu de gelée tiède au fond de 4 ramequins et la faire adhérer également sur les côtés. Laisser prendre 5 minutes au réfrigérateur. Couper les tomates en deux. Détacher les feuilles des brins d'aneth.

4 Disposer un œuf dans chaque ramequin, puis 2 moitiés de tomates, côté coupé vers le fond. Coller les tranches de concombre sur les parois du ramequin. Entourer l'œuf de lanières de saumon et de brins d'aneth et verser le reste de la gelée. Faire prendre au réfrigérateur pendant au moins 2 heures.

Coût : ★ ★ Diff. : ■ ■
Préparation : 30 min
Cuisson : 6 min
(2 h au réfrigérateur)
POUR 4 PERSONNES

4 œufs extra-frais
2 cs de vinaigre d'alcool
120 g de saumon fumé
1 paquet de gelée en poudre au madère
2 brins d'aneth
4 tomates cerises
16 fines tranches de concombre

LES PORTIONS

Pour 1 personne

◗ + 15 Kcal

Servir les œufs démoulés sur de la salade verte.

Coût : ★ Diff. : ■ ■
Préparation : 30 min
(+ 1 h d'attente)
Cuisson : 40 min
POUR 4 PERSONNES

240 g de farine complète
10 g de levure de boulanger
200 g d'aubergine
100 g de poivrons
200 g de tomates bien mûres
200 g de champignons de Paris
200 g de brocolis
2 gousses d'ail
1 pincée d'origan
2 cc d'huile d'olive

LES PORTIONS

Pour 1 personne

5 Kcal

■ PIZZA AUX LÉGUMES

1 Verser la farine dans un saladier. Ajouter la levure, une pincée de sel et un verre d'eau tiède environ. Travailler la pâte, puis former une boule. Laisser reposer pendant 1 heure dans un endroit tiède.

2 Pendant ce temps, préparer les légumes. Laver tous les légumes. Couper l'aubergine en tranches très fines. Émincer les poivrons et les champignons. Couper les tomates en tranches. Séparer les brocolis en petits bouquets. Éplucher l'ail.

3 Disposer l'aubergine, les champignons et les brocolis dans un plat allant au four à micro-ondes. Couvrir d'un film transparent perforé et faire cuire 5 minutes, puissance maxi. Égoutter les légumes et les réserver. Préchauffer le four th. 6 (180 °C).

4 Travailler à nouveau la pâte à pizza, puis l'étaler et la disposer sur la plaque à pâtisserie ou dans un moule antiadhésif. Répartir les légumes par-dessus, soit en les mélangeant, soit en les rangeant pour réaliser un bel effet de couleurs. Assaisonner de sel, de poivre, d'ail et d'origan. Terminer par un filet d'huile et enfourner. Faire cuire à four chaud pendant 35 minutes. Servir chaud ou tiède.

■ PLAISIR
DU FROMAGER

Coût : ★ Diff. : ■
Préparation : 25 min
Pas de cuisson

POUR 4 PERSONNES

400 g de fromage blanc en
faisselle à 0 %
3 feuilles de gélatine
5 brins de ciboulette
50 g d'échalotes
150 g de salade mélangée
150 g de betteraves rouges
150 g de tomates
150 g de concombre
2 cc d'huile de noix
2 cc de vinaigre de vin
2 cc de moutarde de Dijon
1/2 yaourt à 0 %
sel, poivre

LES PORTIONS

Pour 1 personne

10 Kcal

1 Bien égoutter les faisselles, puis les démouler dans un petit saladier.
Faire tremper les feuilles de gélatine dans une assiette creuse remplie d'eau froide. Rincer la ciboulette, éplucher l'échalote, puis les hacher finement.

2 Essorer la gélatine, la diluer dans un quart de verre d'eau bouillante. Verser la gélatine diluée dans le fromage blanc et mélanger à la fourchette. Saler, poivrer, ajouter la ciboulette et l'échalote. Répartir le mélange dans 4 petits ramequins et laisser au froid pendant la préparation des légumes.

3 Laver la salade et l'essorer soigneusement. Éplucher les betteraves, puis les couper en dés. Laver les tomates et le concombre, les couper en rondelles fines. Étaler la salade sur 4 assiettes. Répartir par-dessus les légumes, en alternant les couleurs et en laissant un espace au centre de chaque assiette. Réserver au frais.

4 Mélanger l'huile, le vinaigre, la moutarde et le yaourt. Saler et poivrer. Démouler les ramequins de fromage au centre de chaque assiette, arroser les légumes de sauce et servir.

QUICHE AUX CREVETTES ET AUX ASPERGES

1 Préparer les asperges, les éplucher, les laver et couper la partie dure des queues.

2 Retirer les têtes des crevettes et les faire revenir 4 à 5 minutes dans la margarine. Les remplacer ensuite dans la poêle par le corps des crevettes. Les faire revenir également 4 à 5 minutes. Les saler, les poivrer, ajouter le cognac, flamber.

3 Faire cuire les asperges dans l'eau bouillante salée 7 à 8 minutes. Les rincer rapidement sous l'eau froide pour stopper la cuisson. Les couper en morceaux et les laisser égoutter.

4 Décortiquer les crevettes. Réserver la chair.

5 Avec un pilon, écraser les têtes et les carapaces à travers un tamis. Récupérer le jus et mélanger au jus de cuisson des crevettes.

6 Mélanger la farine et les œufs. Faire bouillir le lait, le verser sur le mélange œufs-farine. Ajouter le jus de cuisson des crevettes. Faire épaissir, ajouter l'emmenthal. Saler, poivrer et ajouter la muscade.

7 Ajouter à cette préparation les crevettes décortiquées et les asperges.

8 Mettre le tout dans un moule antiadhésif et faire cuire 25 à 30 minutes au four th. 7 (210 °C). Servir chaud ou tiède.

Coût : ★ ★ Diff. : ■ ■
Préparation : 15 min
Cuisson : 40 min

POUR 4 PERSONNES

500 g d'asperges
450 à 500 g de crevettes
(240 g décortiquées)
2 cc de margarine
4 cc de cognac
40 cl de lait écrémé
6 cc de farine
2 œufs
4 cc d'emmenthal râpé
muscade
sel, poivre

LES PORTIONS

Pour 1 personne
🍷 🥛

30 Kcal

■ SALADE TIÈDE
AUX FOIES DE VOLAILLE

1 Éponger les foies de volaille dans du papier absorbant, puis les émincer. Faire chauffer une poêle antiadhésive. Ajouter les foies émincés et les faire raidir pendant 5 minutes, à feu vif en remuant. Saler, poivrer, puis ôter du feu.

2 Laver soigneusement la mâche, qui peut contenir du sable. L'essorer délicatement. Peler à vif les oranges. Ôter très soigneusement les peaux qui entourent les quartiers et retirer la chair. Se mettre au-dessus d'un bol pour récupérer le jus qui s'écoule. Laver la pomme, ne pas l'éplucher, mais la découper en minuscules petits cubes.

3 Mélanger dans un petit bol le jus d'orange, l'huile, le jus de citron et la moutarde. Saler et poivrer assez fort.

4 Au dernier moment, faire réchauffer doucement les foies de volaille dans la poêle. Répartir la salade sur 4 assiettes. Disposer par-dessus les oranges et les cubes de pomme. Ajouter les foies tièdes, assaisonner avec la sauce et servir sans attendre.

Coût : ★ Diff. : ■
Préparation : 25 min
Cuisson : 5 min

POUR 4 PERSONNES

250 g de foies de volaille
150 g de salade de mâche
200 g d'oranges sanguines
100 g de pomme granny-smith
2 cc d'huile de noix
4 cc de jus de citron
2 cc de moutarde de Meaux
sel, poivre

LES PORTIONS

Pour 1 personne
🍷 🍴
15 Kcal

■ SARDINES MARINÉES

Coût : ★ Diff. : ■
Préparation : 30 min
Pas de cuisson
(12 h au réfrigérateur)

POUR 4 PERSONNES

8 belles sardines très fraîches
1 citron
2 cc d'huile d'olive
1 brin de thym frais
2 gousses d'ail
5 feuilles de basilic
30 g de filets d'anchois
20 g de câpres
sel, poivre

LES PORTIONS

Pour 1 personne
● ⑩
10 Kcal

1 Frotter les sardines dans un chiffon propre pour retirer les écailles. Ôter les têtes, ouvrir les sardines par le ventre et les vider soigneusement. Les laver sous l'eau fraîche et les éponger. Les couper en deux moitiés, en retirant l'arête centrale.
Encore plus simple : demander au poissonnier de lever les filets, puis continuer la recette au n° 2.

2 Ranger les sardines dans une terrine vernissée ou un plat en verre rectangulaire. Presser le citron, verser le jus sur les sardines. Saler, poivrer, couvrir d'un film étirable et laisser au frais pendant 1 heure.

3 Verser l'huile dans un petit mortier. Ajouter le brin de thym effeuillé, les gousses d'ail épluchées et émincées, les feuilles de basilic et les anchois. Piler quelques instants à l'aide d'un pilon pour obtenir une purée.

4 Verser le mélange sur les sardines, ajouter les câpres et laisser au frais pendant 12 heures. Servir très frais, avec des tranches de pain grillé.

■ SAUMON À LA DANOISE

Coût : ★ ★ ★ Diff. : ■
Préparation : 15 min
Pas de cuisson
(repos 12 heures)

POUR 4 PERSONNES

280 g de saumon frais
1 citron
5 brins d'aneth
poivre noir
100 g d'oignons blancs
4 cc de moutarde forte
50 g de fromage blanc à 20 %
4 cc d'édulcorant
2 cc de câpres
2 cs de vinaigre de framboise
120 g de pain de mie
(4 tranches)
sel, poivre

LES PORTIONS

Pour 1 personne
◑
● + 10 Kcal

1 Émincer le saumon en très fines tranches, comme pour réaliser un carpaccio. Vous pouvez le faire faire par votre poissonnier. Étaler les tranches sur un large plat de service. Verser par-dessus le jus du citron, 2 brins d'aneth effeuillés et du poivre noir. Recouvrir d'un film étirable et placer au frais pour la nuit.

2 Le lendemain, préparer la sauce. Émincer les oignons et les réserver. Mélanger dans un bol la moutarde, le fromage blanc, l'édulcorant, les câpres et le vinaigre. Saler et poivrer, puis mélanger pour obtenir une sauce lisse. Verser les oignons, mélanger.

3 Au moment du repas, faire griller les toasts et les maintenir au chaud, dans une corbeille recouverte d'un linge. Servir le saumon avec la sauce à part, accompagné des toasts grillés.

■ TARTARE
DE SAUMON À L'ANETH

Coût : ★ ★ ★ Diff. : ■
Préparation : 15 min
Pas de cuisson

POUR 4 PERSONNES

240 g de saumon frais
240 g de saumon fumé
4 brins d'aneth
4 brins de ciboulette
1/2 gousse d'ail
2 cc de ketchup
2 cc de moutarde forte
2 cc de jus de citron

LES PORTIONS

Pour 1 personne
  + 5 Kcal

1 Couper les saumons en cubes, puis les hacher à la main ou au hachoir électrique. Ne pas utiliser de mixeur, qui réduirait le poisson en purée. Réserver au frais.

2 Éplucher la gousse d'ail. Laver et effeuiller l'aneth, le hacher avec la ciboulette et la demi-gousse d'ail. Verser dans un petit bol, ajouter le ketchup, la moutarde et le citron.

3 Mélanger le poisson et l'assaisonnement aux herbes. Saler (pas trop) et poivrer. Verser le mélange dans 4 petits ramequins. Tasser avec le plat de la main et laisser au frais jusqu'au moment du repas.

4 Servir très frais, démoulé sur 4 assiettes et accompagné de pain de campagne grillé et de crudités.

■VERDURE DE SAUMON À LA CRÈME D'ANETH

1 Couper le filet de saumon en 8 tronçons égaux. Les déposer dans un plat creux. Ajouter le vin blanc, les échalotes pelées et hachées et 2 brins d'aneth. Laisser macérer pendant la cuisson des poireaux en les retournant 2 fois.

2 Nettoyer les poireaux et couper les bouts verts et durs. Les faire cuire dans de l'eau bouillante salée 20 minutes, puis les égoutter.

3 Mettre de l'eau à bouillir dans le fond de l'auto-cuiseur.

4 Détacher les feuilles de 3 poireaux, puis les super-poser par deux ou trois de façon à avoir 8 tas. Déposer dessus les tronçons de saumon égouttés. Les rouler en paquets et les ficeler avec un brin de poireau taillé dans la longueur d'une feuille.

5 Mettre les roulades obtenues dans le panier de l'autocuiseur avec les poireaux restants. Couvrir et faire cuire 5 minutes.

6 Mélanger la crème fraîche avec le jus de citron, le sel, le poivre et l'aneth restant.

7 Servir dans des assiettes chaudes les roulades de saumon, les poireaux entiers. Napper de la sauce à la crème et servir.

Coût : ★ ★ ★ Diff. : ■ ■
Préparation : 15 min
Cuisson : 20 min

POUR 4 PERSONNES

1 filet de saumon (280 à 300 g)
12,5 cl de vin blanc
2 échalotes
1 bouquet d'aneth
7 poireaux
10 cl de crème fraîche épaisse allégée
1 citron vert
sel, poivre

LES PORTIONS

Pour 1 personne
🔵

● + 45 Kcal

■SOUFFLÉ DE BROCOLIS

1 Beurrer 4 ramequins individuels avec 1 cuillère à café de margarine. Chauffer le four th. 7 (210 °C).

2 Couper les têtes vertes des brocolis, les laver et les faire cuire à découvert dans de l'eau bouillante salée 4 à 5 minutes.

3 Nettoyer, émincer les champignons. Les faire revenir sur feu vif avec les échalotes hachées et une deuxième cuillère à café de margarine, jusqu'à évaporation complète de l'eau. Saler et poivrer.

4 Faire bouillir le lait. Ajouter la Maïzena délayée dans 2 cuillères à soupe d'eau, remuer, laisser cuire 1 minute. Hors du feu, mettre les 2 cuillères à café restantes de margarine. Saler, poivrer, ajouter la muscade, puis les 2 jaunes d'œufs et les brocolis. Monter les blancs en neige ferme et les incorporer délicatement à la préparation. Ajouter le parmesan.

5 Répartir dans chaque ramequin et faire cuire 20 à 25 minutes.

6 Servir dès la sortie du four.

Coût : ★ ★ Diff. : ■ ■
Préparation : 15 min
Cuisson : 30 min

POUR 4 PERSONNES

4 cc de margarine
300 g de brocolis
150 g de champignons
2 échalotes
25 cl de lait écrémé
8 cc de Maïzena
2 œufs
4 cc de parmesan
1 pincée de noix de muscade
sel, poivre

LES PORTIONS

Pour 1 personne
🕑 MG
50 Kcal

TARTE AUX ÉPINARDS

Coût : ★ Diff. : ■ ■
Préparation : 20 min
Cuisson : 40 min

POUR 4 PERSONNES

600 g d'épinards en branches
surgelés
10 cc de crème fraîche
2 œufs
1 pincée de noix de muscade
2 cc de margarine
8 feuilles de brick
sel, poivre

LES PORTIONS

Pour 1 personne

🫓

⬤ ◐ 🫓
25 Kcal

1 Faire cuire les épinards dans une casserole, avec un verre d'eau et du sel, pendant 15 minutes. Les égoutter soigneusement, en pressant pour éliminer toute l'eau. Préchauffer le four th. 6 (180 C).

2 Battre les œufs et la crème dans un saladier. Saler, poivrer, assaisonner de muscade. Verser les épinards dans le saladier et mélanger.

3 Faire fondre la margarine au bain-marie ou au micro-ondes. Étaler les feuilles de brick sur le plan de travail. Les badigeonner de margarine à l'aide d'un pinceau et les déposer dans un moule antiadhésif de diamètre inférieur. Les placer les unes sur les autres, en les faisant adhérer avec le plat de la main.

4 Verser la préparation aux épinards dans le moule. Replier le bord des feuilles de brick sur la garniture. Faire cuire au four pendant 25 minutes. Servir tiède, avec une salade.

TERRINE DE THON FRAIS

1 Préchauffer le four th. 5 (150 °C). Éponger le thon, ôter la peau et les arêtes. Couper la chair en dés et la mettre dans le bol du mixeur. Ajouter le fromage blanc, l'œuf et 1 gousse d'ail épluchée. Mixer pour obtenir une pâte épaisse et bien lisse. Ajouter poivre vert, saler et poivrer. Bien mélanger.

Coût : ★ Diff. : ■
Préparation : 25 min
Cuisson : 50 min

POUR 4 PERSONNES

280 g de thon blanc frais
200 g de fromage blanc à 0 %
1 œuf
1 cc de poivre vert
2 gousses d'ail
500 g de tomates bien mûres
5 feuilles de basilic
5 feuilles de cerfeuil
quelques feuilles de salade
100 g de tomates cerises
sel, poivre

LES PORTIONS

Pour 1 personne

2 Verser la purée de thon dans une terrine allant au four. La fermer avec son couvercle ou une feuille de papier d'aluminium. Faire cuire au four 35 minutes. Laisser tiédir, puis mettre au frais.

3 Porter à ébullition une casserole d'eau. Jeter les tomates dans l'eau bouillante. Les laisser cuire 2 minutes, puis les égoutter. Les éplucher et les couper en quartiers. Mettre les tomates, le basilic, la dernière gousse d'ail et le cerfeuil dans une petite casserole. Faire cuire à petit feu 10 minutes, en remuant de temps en temps. Saler, poivrer, puis laisser au frais.

4 Au moment de servir, démouler la terrine de thon bien froide sur le plat de service. Décorer avec la salade et les tomates cerises. Servir le coulis de tomates à part.

ARTICHAUTS
D'ŒUFS POCHÉS AU JAMBON

1 Faire cuire les fonds d'artichauts dans 1 litre d'eau additionnée de citron pendant 15 minutes. Les égoutter.

2 Couper l'aubergine et la courgette en petits dés (ôter les graines si nécessaire).

3 Couper chaque tranche de jambon en 2 lanières.

4 Mélanger la crème fraîche, les fines herbes, le vinaigre de cidre, le sel et le poivre.

5 Faire revenir les dés de légumes dans la margarine jusqu'à ce qu'ils soient tendres. Saler et poivrer.

6 Dans une grande casserole, faire frémir 2 litres d'eau additionnée du vinaigre d'alcool blanc. Faire pocher les œufs un à un. Compter 3 minutes chaque fois et les retirer avec l'écumoire.

Coût : ★ Diff. : ■ ■
Préparation : 15 min
Cuisson : 20 min

POUR 4 PERSONNES

4 grands fonds d'artichauts
surgelés
1 petite aubergine
1 courgette
120 g de jambon de Bayonne
(2 tranches)
10 cl de crème fraîche allégée
1 cs de fines herbes
2 cc de vinaigre de cidre
4 cc de margarine
4 œufs
10 cl de vinaigre d'alcool blanc
quelques feuilles de salade
sel, poivre

LES PORTIONS

Pour 1 personne

●

●● ●

● + 20 Kcal

7 Prendre 4 assiettes et tapisser chacune de feuilles de salade. Ajouter un fond d'artichaut. Le garnir avec des dés de légumes, puis un œuf poché et l'entourer d'une lanière de jambon de Bayonne. Répartir la sauce et les dés de légumes restants tout autour. Servir tiède.

CRESSONNETTES D'ŒUFS COCOTTE

Coût : ★ Diff. : ■
Préparation : 15 min
Cuisson : 15 min

POUR 4 PERSONNES

4 cc de margarine
1 botte de cresson
10 cl de crème fraîche allégée
4 œufs
noix de muscade râpée
sel, poivre

LES PORTIONS

Pour 1 personne

MG ●

20 Kcal

1 Beurrer 4 ramequins avec 1 cuillère à café de margarine. Préchauffer le four th. 8 (240 °C).

2 Réserver quelques feuilles de cresson pour la décoration.

3 Laver et sécher les feuilles restantes.

4 Les faire fondre dans les 3 cuillères à café de margarine restantes jusqu'à évaporation complète de l'eau. Ajouter la crème fraîche, la muscade, sel et poivre. Mélanger et laisser réduire sur feu très doux 5 minutes.

5 Répartir ensuite la moitié de la crème de cresson dans les ramequins. Casser un œuf dans chacun d'eux.

6 Mettre à cuire au bain-marie 6 à 7 minutes (les œufs sont cuits quand le blanc est juste ferme et le jaune coulant).

7 Réchauffer la crème de cresson restante et répartir autour des jaunes. Poivrer.

8 Servir aussitôt. Si désiré, avec des mouillettes grillées (à compter).

Coût : ★ Diff. : ■
Préparation : 20 min
Cuisson : 35 min

POUR 4 PERSONNES

6 œufs
300 g d'oignons
2 cc d'huile
8 cc de crème fraîche allégée
noix de muscade râpée
60 g de gruyère allégé râpé
sel, poivre

LES PORTIONS

Pour 1 personne

● ● MG

10 Kcal

ŒUFS FARCIS BONNE FEMME

1 Faire cuire les œufs 10 minutes à l'eau bouillante. Les passer sous l'eau froide et les écaler. Les couper en deux dans le sens de la longueur et ôter les jaunes. Les disposer dans un petit saladier.

2 Préchauffer le four th. 7 (210 °C).

3 Éplucher les oignons et les émincer très finement, de préférence à l'aide d'un robot. Faire chauffer l'huile dans une poêle antiadhésive, ajouter les oignons et les laisser fondre à feu très doux pendant 15 minutes, sans colorer. Ajouter si besoin un peu d'eau, en cours de cuisson. Lorsque les oignons sont tendres, saler, poivrer, ajouter la crème fraîche et la muscade.

4 Verser le mélange aux oignons dans le saladier contenant les jaunes d'œufs. Mélanger l'ensemble à l'aide d'une fourchette. Remplir les blancs d'œufs de cette farce. Disposer les œufs dans un plat allant au four. Saupoudrer de gruyère et faire dorer 10 minutes à four chaud. Servir chaud, accompagné d'épinards ou d'une purée de carottes.

■ ŒUFS EN MEURETTE

<table>
<tr><td>

Coût : ★ Diff. : ■ ■
Préparation : 15 min
Cuisson : 20 min

POUR 4 PERSONNES

4 œufs extra-frais
4 cs de vinaigre blanc
100 g d'oignons
60 g de jambon blanc dégraissé
1 cc de margarine
2 cc de Maïzena
1 verre de vin de Bourgogne rouge
1 brin de thym
1/2 feuille de laurier
sel, poivre

LES PORTIONS

Pour 1 personne
● ◗
40 Kcal

</td></tr>
</table>

1 Sortir les œufs du réfrigérateur et les laisser à température ambiante.
Porter à ébullition un litre d'eau salée additionnée du vinaigre, puis laisser frémir à feu doux.

2 Éplucher et émincer l'oignon finement. Couper le jambon en petits dés.
Faire fondre la margarine dans une petite poêle antiadhésive. Ajouter les oignons et le jambon et laisser dorer 5 minutes en remuant.

3 Saupoudrer de Maïzena, mouiller avec le vin et ajouter un verre d'eau chaude. Porter à ébullition en remuant.

4 Saler, poivrer, ajouter le thym et le laurier et laisser mijoter 5 à 10 minutes à feu moyen. Ôter le thym et le laurier à la fin de la cuisson.

5 Casser les œufs dans 4 tasses, sans briser les jaunes. Faire glisser les œufs dans l'eau vinaigrée frémissante. Les laisser pocher pendant 3 à 5 minutes. Les égoutter à l'aide d'une écumoire et les déposer sur du papier absorbant.

6 Disposer un œuf sur chaque assiette et napper de sauce. Servir bien chaud, accompagné de toasts grillés (à compter).

■ ŒUFS À LA PAYSANNE

Coût : ★ Diff. : ■
Préparation : 10 min
Cuisson : 15 min

POUR 4 PERSONNES

2 tomates bien mûres (300 g)
50 g d'oignons blancs
60 g de pain de campagne
(1 belle tranche)
2 cc d'huile d'olive
1 brin de thym
5 œufs
sel, poivre

LES PORTIONS

Pour 1 personne
● ● 🐄

1 Laver les tomates. Ôter les graines et les couper en dés. Éplucher l'oignon et l'émincer finement.

2 Faire griller la tranche de pain dans un grille-pain, afin qu'elle soit dorée et croustillante (1 à 2 minutes). La couper en petits dés.

3 Faire chauffer l'huile dans une poêle antiadhésive, ajouter les oignons et laisser dorer 2 minutes en remuant. Verser les tomates, saler, poivrer et laisser cuire 10 minutes à feu vif.

4 Quelques minutes avant de servir, ajouter dans les tomates le thym effeuillé et les croûtons. Casser les œufs par-dessus, mélanger à l'aide d'une fourchette, mais sans battre. Servir dès que les œufs sont pris (5 minutes de cuisson environ).

■ OMELETTE AUX ÉPINARDS

1 Faire cuire les épinards dans une casserole contenant un demi-verre d'eau salée, pendant 10 minutes environ, en remuant. Les laisser ensuite égoutter dans une passoire.

Coût : ★ Diff. : ■
Préparation : 10 min
Cuisson : 30 min

POUR 4 PERSONNES

300 g d'épinards en branches
surgelés
2 cc d'huile d'olive
1 gousse d'ail
6 œufs
30 g de parmesan
sel, poivre

LES PORTIONS

Pour 1 personne
● ● 🐄
30 Kcal

2 Faire chauffer l'huile dans une large poêle antiadhésive. Ajouter les épinards et la gousse d'ail épluchée et émincée. Saler, poivrer et laisser mijoter à feu doux pendant 10 minutes. Les épinards ne doivent pas se colorer.

3 Casser les œufs dans un saladier. Ajouter le parmesan, du poivre et du sel. Mélanger à l'aide d'une fourchette.

4 Au moment de servir, verser les œufs battus sur les épinards et faire cuire à feu moyen, en mélangeant, jusqu'à ce que les œufs soient pris (10 minutes environ).

Cette omelette est aussi bonne chaude que froide, avec de la salade verte.

OMELETTE AU FROMAGE FRAIS

Coût : ★ Diff. : ■
Préparation : 10 min
Cuisson : 10 min

POUR 4 PERSONNES

4 œufs
1/2 barquette de Saint-Moret léger
5 feuilles d'oseille
5 brins de cerfeuil
2 cc d'huile d'olive
sel, poivre

LES PORTIONS

Pour 1 personne

◉ ◑ 🅴

1 Casser les œufs dans un saladier. Saler et poivrer.

2 Laver et essuyer les herbes soigneusement. Les hacher et les ajouter aux œufs. Battre l'ensemble à l'aide d'une fourchette.

3 Faire chauffer l'huile dans une poêle antiadhésive. Verser les œufs battus dans la poêle bien chaude. Lorsque l'omelette commence à prendre, baisser le feu. Émietter le fromage sur les œufs, procéder comme pour une omelette classique, en ramenant les bords vers le centre.

4 Laisser cuire 5 à 10 minutes environ, selon le degré de cuisson désiré, puis faire glisser l'omelette sur le plat de service. Servir avec une salade bien relevée.

PAIN D'ŒUFS AUX POMMES DE TERRE

Coût : ★ Diff. : ■
Préparation : 25 min
Cuisson : 35 min

POUR 4 PERSONNES

600 g de pommes de terre
50 g d'échalotes
5 brins de persil
5 brins de ciboulette
5 brins d'estragon
4 œufs
100 g de fromage blanc à 0 %
sel, poivre

LES PORTIONS

Pour 1 personne

◉ ◉

10 Kcal

1 Éplucher et laver les pommes de terre. Les couper en tranches pas trop fines, mais d'épaisseur régulière. Les rincer sous l'eau fraîche et les faire cuire 15 minutes à la vapeur ou à l'eau bouillante salée. Les égoutter et réserver.

2 Éplucher les échalotes, laver les herbes. Faire un hachis très fin et verser dans un bol. Préchauffer le four th. 6 (180 °C).

3 Étaler les pommes de terre dans un plat allant au four. Battre dans un petit saladier les œufs et le fromage blanc. Ajouter le hachis d'herbes et d'échalotes. Saler et poivrer assez fort.

4 Verser le mélange sur les pommes de terre et faire cuire au four pendant 20 minutes. Servir tiède avec une salade verte.

CHOU FARCI AU TOFU

Coût : ★ Diff. : ■
Préparation : 20 min
Cuisson : 45 min

POUR 4 PERSONNES

1 petit chou vert (environ 600 g)
240 g de tofu
100 g de champignons
100 g de carottes
100 g d'oignons
1 gousse d'ail
5 brins de persil
5 brins de ciboulette
1 brin de thym
1 feuille de laurier
2 cc d'huile
1 cube de bouillon de volaille
dégraissé
sel, poivre

LES PORTIONS

Pour 1 personne
🥩
● 🅜🅖
5 Kcal

1 Laver le chou et ôter les feuilles trop coriaces. Écarter les feuilles et prélever le cœur. Faire cuire le chou et son cœur 10 minutes à l'eau bouillante salée. Égoutter et réserver.

2 Couper le tofu en dés. Laver le reste des légumes. Ôter le pied sableux des champignons. Éplucher les carottes, les oignons et l'ail. Mixer le cœur du chou avec le tofu, les champignons, les carottes, les oignons, le persil et la ciboulette.

3 Faire chauffer l'huile dans une large poêle antiadhésive. Ajouter le hachis et faire revenir à feu vif pendant 5 minutes en remuant. Saler et poivrer.

4 Farcir le chou avec le hachis, en tassant bien avec les mains. Replier les feuilles du chou et les maintenir à l'aide de ficelle de cuisine. Disposer le chou dans une cocotte à fond épais. Mouiller avec un verre d'eau. Ajouter le bouillon. Couvrir et laisser mijoter à feu très doux pendant 30 minutes. Servir chaud.

GALETTES DE TOFU AUX HERBES

1 Hacher le tofu. Le verser dans un saladier. Ajouter l'œuf et le fromage râpé. Émietter le pain dans le saladier. Mélanger et laisser en attente.

2 Laver et éponger les herbes. Les hacher finement. Les incorporer au mélange précédent. Saler et poivrer.

3 Diviser le mélange en 8 parts égales. Former des boulettes de la taille d'une clémentine, puis les aplatir avec le plat de la main.

4 Faire chauffer la margarine dans une large poêle antiadhésive. Déposer les galettes dans la poêle et les faire dorer 3 minutes sur chaque face en les retournant avec précaution. Servir bien chaud avec une salade ou des légumes cuits. Ces galettes sont délicieuses avec des épinards, des tomates à la provençale ou de la ratatouille.

Coût : ★ Diff. : ■
Préparation : 10 min
Cuisson : 6 min

POUR 4 PERSONNES

360 g de tofu
1 œuf
30 g de gruyère allégé râpé
30 g de pain de mie
5 brins de persil
2 brins de basilic
5 brins de ciboulette
2 cc de margarine
sel, poivre

LES PORTIONS

Pour 1 personne
● ● 🅜🅖
20 Kcal

◼PAIN DE CAROTTES AU TOFU

Coût : ★ Diff. : ◼
Préparation : 20 min
Cuisson : 50 min

POUR 4 PERSONNES

600 g de carottes
300 g de brocolis
10 cc de crème fraîche
2 œufs
noix de muscade râpée
240 g de tofu
10 brins de ciboulette
sel, poivre

LES PORTIONS

Pour 1 personne

25 Kcal

1 Éplucher et laver les carottes. Les couper en rondelles. Laver les brocolis, les détailler en petits bouquets. Disposer les carottes et les brocolis dans le panier de l'autocuiseur, sans les mélanger. Les faire cuire à la vapeur 15 minutes.

2 Laisser refroidir les brocolis sur une assiette. Réduire les carottes en purée avec la crème. Saler, poivrer, ajouter les œufs légèrement battus à la fourchette et une pincée de muscade. Bien mélanger.

3 Préchauffer le four th. 5 (150 °C).
Couper le tofu en petits dés. Ciseler la ciboulette finement. Incorporer le tofu et la ciboulette à la purée de carottes. En dernier lieu, ajouter les bouquets de brocolis, en mélangeant très délicatement pour ne pas les briser.

4 Verser le mélange dans un petit moule à cake antiadhésif. Faire cuire au bain-marie, au four 35 minutes. Laisser refroidir avant de démouler et servir frais, avec une salade verte.

◼TOFU SAUTÉ AU CURRY

Coût : ★ Diff. : ◼
Préparation : 15 min
Cuisson : 15 min

POUR 4 PERSONNES

240 g de tofu nature
150 g d'oignons
150 g de poivrons
2 cc d'huile
1 cc de Maïzena
2 cc de curry
2 cs de cacahuètes grillées et salées
sel, poivre

LES PORTIONS

Pour 1 personne

15 Kcal

1 Couper le tofu en petits dés. Éplucher et émincer les oignons. Couper les poivrons épépinés en lanières.

2 Faire chauffer l'huile dans une large poêle antiadhésive. Ajouter les oignons et les poivrons, faire sauter à feu vif pendant 10 minutes en remuant.

3 Saupoudrer de Maïzena et de curry. Mouiller avec un demi-verre d'eau et mélanger. Saler, poivrer et porter à ébullition en remuant. Ajouter le tofu et laisser mijoter 5 minutes à feu très doux. Rectifier l'assaisonnement.

4 Écraser grossièrement les cacahuètes. Saupoudrer le plat et servir, accompagné de riz nature.

CABILLAUD ÉPICÉ AU FOUR

Coût : ★ ★ Diff. : ■
Préparation : 10 min
Cuisson : 35 min

POUR 4 PERSONNES

550 g de filets de cabillaud
50 g d'oignon blanc
1 gousse d'ail
2 cs rases de crème fraîche
2 cc de moutarde de Dijon
1 pincée de mélange "4 épices "
1 cc de curry fort
2 biscottes (ou 30 g de chapelure)
sel, poivre

LES PORTIONS

Pour 1 personne

35 Kcal

1 Éponger les filets dans du papier absorbant. Ôter les arêtes, si besoin. Éplucher l'oignon et l'ail. Préchauffer le four th.6 (180 °C).

2 Verser la crème, la moutarde, l'oignon, l'ail, les épices et le curry dans le bol du mixeur. Mixer l'ensemble pendant quelques secondes, pour obtenir un mélange lisse. Saler et poivrer.

3 Écraser les biscottes finement (ou utiliser 30 g de chapelure). Étaler le poisson dans un plat résistant au four. Verser le mélange aux épices par-dessus. Saupoudrer de chapelure et faire cuire à four chaud pendant 35 minutes.

4 Servir chaud, accompagné de riz créole ou de courgettes vapeur.

CABILLAUD À LA FONDUE D'ÉCHALOTES

Coût : ★ ★ Diff. : ■
Préparation : 15 min
Cuisson : 25 min

POUR 4 PERSONNES

550 g de filets de cabillaud
300 g d'échalotes
2 cc d'huile
12,5 cl de vin rouge léger (beaujolais)
1 brin de thym
6 cc de crème fraîche
sel, poivre

LES PORTIONS

Pour 1 personne

40 Kcal

1 Vérifier que le poisson ne contient plus d'arêtes. Le couper en 4 portions. Les disposer sur une large assiette allant au micro-ondes. Saler, poivrer, couvrir d'un film étirable.

2 Éplucher et émincer les échalotes très finement. Faire chauffer l'huile dans une large sauteuse et ajouter les échalotes. Les faire revenir 5 minutes à feu très doux, sans colorer. Couvrir de vin, saler, poivrer et ajouter le thym.

3 Laisser mijoter les échalotes 15 minutes à feu doux, en surveillant. Ajouter si besoin un peu d'eau en cours de cuisson. Quand les échalotes sont très tendres, ôter du feu et lier la sauce avec la crème.

4 Faire cuire les filets 3 à 5 minutes au micro-ondes (ou, à défaut, 5 minutes au court-bouillon). Les égoutter, les disposer sur 4 assiettes et napper de sauce. Accompagner de pommes de terre cuites à la vapeur.

■CABILLAUD EN PAPILLOTE

1 Fendre les blancs de poireau. Les rincer, les émincer dans le sens de la longueur.
Éplucher le fenouil, le couper en quartiers. Nettoyer les champignons, les émincer, les arroser de jus de citron. Éplucher la carotte, la râper.

2 Faire chauffer la margarine. Faire revenir les poireaux et le fenouil 10 minutes. Ajouter les champignons et la carotte. Poursuivre la cuisson 2 à 3 minutes en mélangeant. Saler, poivrer.

3 Préchauffer le four th. 6-7 (200 °C).

4 Répartir la fondue de légumes sur 4 feuilles de papier sulfurisé. Poser dessus une darne de cabillaud. Saler, poivrer. Ajouter l'aneth.

5 Replier chaque feuille en formant une papillote et les poser dans un plat. Faire cuire 12 minutes au four.

6 Servir les darnes dans leurs papillotes, que vous ouvrirez d'un coup de ciseaux au dernier moment.

7 Accompagner de haricots verts.

On peut faire cuire au micro-ondes (6 à 8 minutes à puissance maxi en 2 fois). Il est alors inutile de faire précuire les légumes.

Coût : ★ Diff. : ■
Préparation : 15 min **Cuisson : 20 min**
POUR 4 PERSONNES
4 darnes de cabillaud de 140 g chacune 100 g de champignons 2 blancs de poireau 1 fenouil 1 citron 1 carotte 4 cc de margarine 4 brins d'aneth sel, poivre
LES PORTIONS
Pour 1 personne ® ● MG

■CABILLAUD SAUCE PIQUANTE

1 Rincer les filets de cabillaud. Les égoutter, les couper en morceaux, les saler et les poivrer.

2 Couper les olives en 2. Ajouter 20 cl d'eau et le jus du citron. Les porter à ébullition pendant 2 à 3 minutes, et les égoutter.

3 Peler les tomates, les épépiner et les couper en morceaux.

4 Peler l'oignon et le hacher finement, le faire dorer dans l'huile.
Ajouter les tomates et le vin blanc. Saler, poivrer.
Mettre le paprika.

5 Laisser mijoter sur feu doux à découvert jusqu'à obtenir une sauce onctueuse. Rajouter le cabillaud et les olives. Parsemer d'origan. Couvrir et faire pocher le poisson 7 à 8 minutes. Servir.

Coût : ★ Diff. : ■
Préparation : 15 min
Cuisson : 20 min
POUR 4 PERSONNES
550 g de filets de cabillaud
16 olives
12,5 cl de vin blanc sec
5 tomates
4 cc d'huile d'olive
1 citron
1 oignon
1 cs de paprika doux
1 brin d'origan
sel, poivre
LES PORTIONS
Pour 1 personne
⬤ MG
45 Kcal

■CABILLAUD SAUTÉ PRINTANIÈRE

1 Couper les filets de cabillaud en gros dés. Équeuter les pois gourmands, éplucher les asperges. Laver et éplucher les carottes et les navets, puis les couper en petits dés. Éplucher et émincer les oignons.

2 Porter à ébullition une grande quantité d'eau salée. Faire cuire séparément les pois, les asperges, puis les carottes avec les navets, à l'eau, pendant 10 minutes. Les égoutter et les passer sous l'eau fraîche.

3 Faire chauffer l'huile dans une sauteuse antiadhésive. Ajouter les oignons et le poisson. Faire revenir à feu vif en remuant délicatement pour ne pas briser le poisson, pendant 5 minutes. Ajouter les autres légumes, et les raisins.
Saler, poivrer, ajouter une pointe de curry. Laisser mijoter 5 minutes à feu doux.

4 Verser la crème, rectifier l'assaisonnement et servir sans attendre.

Coût : ★ ★ Diff. : ■ ■
Préparation : 20 min
Cuisson : 40 min

POUR 4 PERSONNES

550 g de cabillaud en filets
200 g de pois gourmands
200 g d'asperges vertes
200 g de carottes nouvelles
200 g de navets nouveaux
100 g d'oignons nouveaux
2 cc d'huile d'olive
3 cc de raisins secs
1 pincée de curry
1 cs rase de crème fraîche
sel, poivre

LES PORTIONS

Pour 1 personne

15 Kcal

■RÔTI DE CABILLAUD

Coût : ★ Diff. : ■
Préparation : 15 min
Cuisson : 25 min

POUR 4 PERSONNES

600 g de cabillaud en un seul
morceau avec la peau
4 cc de margarine
2 oignons
4 tomates
200 g de champignons
3 cl de vermouth
sel, poivre

LES PORTIONS

Pour 1 personne
● 🏀
25 kcal

1 Préchauffer le four th. 6 (180 °C).

2 Rincer et essuyer le morceau de cabillaud. Le saler, le poivrer et le ficeler.

3 Avec 1 cuillère à café de margarine, graisser un plat à four.

4 Mettre les oignons hachés dans le fond du plat. Poser le cabillaud par-dessus. Entourer des tomates en quartiers et des champignons émincés. Saler, poivrer.

5 Ajouter le reste de margarine et arroser du vermouth.

6 Faire cuire 25 minutes en arrosant le poisson plusieurs fois. Servir aussitôt.

■CALAMARS AUX OLIVES

1 Laisser décongeler les calamars sous un filet d'eau fraîche. Les couper ensuite en anneaux d'un demi-centimètre de large.

Coût : ★ Diff. : ■
Préparation : 20 min
Cuisson : 50 min

POUR 4 PERSONNES

550 g de calamars surgelés
100 g d'oignons
2 gousses d'ail
10 brins de persil
5 brins de ciboulette
1 brin de sarriette (ou de thym)
12 olives vertes dénoyautées
2 cc d'huile d'olive
2 cc de jus de citron
sel, poivre

LES PORTIONS

Pour 1 personne
● 🏀
15 Kcal

2 Éplucher les oignons et l'ail. Laver les herbes, émincer les oignons, l'ail, le persil et la ciboulette.

3 Faire chauffer l'huile dans une cocotte à fond épais. Verser les calamars, les faire revenir à feu vif pendant 10 minutes, en remuant.

4 Ajouter les oignons, l'ail, le persil, la ciboulette, le brin de sarriette, et les olives. Mouiller avec le jus de citron, saler et poivrer. Couvrir et laisser mijoter pendant 40 minutes à feu très doux. Servir chaud avec du riz créole, ou froid avec des crudités variées.

■ COQUES GRATINÉES À LA PROVENÇALE

Coût : ★ Diff. : ■
Préparation : 15 min
(+ 30 min d'attente)
Cuisson : 30 min

POUR 4 PERSONNES

1 kg de coques (= 360 g net)
900 g de tomates bien mûres
4 gousses d'ail
40 g de filets d'anchois
10 brins de persil
2 cc d'huile d'olive
30 g de gruyère allégé râpé
5 cc de chapelure blonde
sel, poivre

LES PORTIONS

Pour 1 personne

25 Kcal

1 Rincer les coques, puis les faire dégorger dans l'eau fraîche pendant 30 minutes. Laver les tomates et les couper en 4 ou en 6, selon leur taille. Ôter les pépins. Préchauffer le four th.7 (210 °C).

2 Éplucher l'ail et l'émincer finement, ainsi que les filets d'anchois. Laver le persil, le sécher et le hacher.

3 Faire chauffer l'huile dans une sauteuse. Ajouter les tomates, les faire revenir à feu vif 10 minutes en remuant. Ôter du feu, saler, poivrer, ajouter l'ail, le persil et les anchois. Mélanger et verser dans un plat allant au four.

4 Rincer la sauteuse. Ajouter les coques, les faire ouvrir sur feu vif 5 minutes. Laisser tiédir quelques instants, puis les décortiquer. Les disposer sur les tomates. Mélanger la chapelure et le fromage râpé. Saupoudrer le plat du mélange et faire gratiner 15 minutes au four. Servir chaud ou tiède. On peut consommer ce plat seul ou l'accompagner de pommes vapeur.

■ COQUILLES SAINT-JACQUES EXPRESS

Coût : ★ ★ ★ Diff. : ■
Préparation : 10 min
Cuisson : 10 min

POUR 4 PERSONNES

550 g de noix de Saint-Jacques
2 cc de margarine
6 cc de cognac
4 cs rases de crème allégée
1 gousse d'ail
10 brins de persil
sel, poivre

LES PORTIONS

Pour 1 personne

25 Kcal

1 Éponger les noix de Saint-Jacques. Les couper dans le sens de l'épaisseur si elles sont très épaisses.

2 Faire fondre la margarine dans une poêle anti-adhésive. Mettre les noix dans la poêle et les faire raidir à feu vif 5 minutes en remuant.

3 Verser le cognac, flamber, puis baisser le feu. Ajouter la crème, saler, poivrer et laisser mijoter à feu très doux 5 minutes.

4 Pendant ce temps, éplucher la gousse d'ail. Laver le persil. Faire un hachis fin avec l'ail et le persil et le verser dans la poêle. Mélanger et servir.

■ COURONNE DE POISSON

Coût : ★ Diff. : ■
Préparation : 20 min
Cuisson : 1 h

POUR 4 PERSONNES

550 g de filets de cabillaud
4 pincées de muscade
12,5 cl de lait écrémé
4 cc de margarine
4 cs de farine
2 cc de fumet de poisson
2 brins d'aneth
2 œufs
10 cl de crème fraîche allégée
1 citron
sel, poivre

LES PORTIONS

Pour 1 personne

◉ ◉ MG

40 Kcal

1 Beurrer un moule en couronne.

2 Couper les filets de poisson en morceaux. Saler, poivrer. Assaisonner avec la muscade. Mixer le tout en purée.

3 Verser le lait et la margarine dans une casserole. Saler poivrer. Ajouter la farine. Faire sécher la pâte à feu doux, en remuant régulièrement avec une cuillère en bois jusqu'à ce qu'elle se détache des parois de la casserole.

4 Hors du feu, ajouter la purée de poisson, le fumet et l'aneth, bien mélanger.

5 Incorporer l'œuf entier à la pâte. Travailler jusqu'à obtenir d'une pâte lisse. Puis ajouter juste le jaune d'un deuxième œuf.

6 Verser la mousse dans le moule et faire cuire au bain-marie dans le four 50 minutes.

7 Démouler et servir avec la crème chauffée, salée, poivrée et citronnée.

■ COUSCOUS AUX FRUITS DE MER

Coût : ★ ★ Diff. : ■
Préparation : 20 min
Cuisson : 25 min

POUR 4 PERSONNES

200 g de calamars
240 g de grosses crevettes
(environ 120 g décortiquées)
8 grosses moules (environ 60 g)
200 g de couscous cru
4 cc d'huile d'olive
1 gousse d'ail
1 poivron rouge
12,5 cl de vin blanc sec
ciboulette
sel, poivre

LES PORTIONS

Pour 1 personne
◉ ◉ MG
25 Kcal

1 Chauffer 3 cuillères à café d'huile d'olive dans un poêle antiadhésive avec la gousse d'ail écrasée e le poivron coupé en petits morceaux.

2 Faire revenir les calamars coupés pendant 5 à 2 minutes à feu doux. Saler, poivrer.

3 Verser le vin blanc. Faire cuire jusqu'à complèt évaporation du vin (environ 15 minutes).

4 Décortiquer les crevettes. Laver les moules. Les fair revenir à feu vif à couvert.

5 Retirer les calamars. Essuyer la poêle. Y verser 30 cl d'eau et la quatrièm cuillère d'huile. Faire bouillir. Saler très légèrement. Hors du feu, ajouter l graine de couscous. Remuer.

6 Laisser reposer 3 minutes à couvert. Égrener à la fourchette. Incorporer le fruits de mer. Parsemer de ciboulette et servir ce plat aussitôt.

■ CREVETTES SAUCE PIQUANTE

Coût : ★ ★ Diff. : ■
Préparation : 20 min
Cuisson : 15 min

POUR 4 PERSONNES

900 g environ de grosses
crevettes (poids net = 480 g)
2 cc d'huile
2 gousses d'ail
2 piments oiseaux
200 g de tomates pelées
100 g de cornichons à la russe

LES PORTIONS

Pour 1 personne
◉ MG

1 Décortiquer les crevettes.

2 Faire chauffer l'huile dans une poêle antiadhésive. Ajouter les gousses d'ail épluchées et les piments entiers. Laisser rissoler à feu très doux pendant 5 minutes (l'ail ne doit pas noircir).

3 Ajouter les tomates pelées er concassées. Porter à ébullition et laisser mijoter 10 minutes. Pendant ce temps, couper les corn chons bien égouttés en tranches fines.

4 Ajouter les crevettes et les cornichons dans la poêle, laisser mijoter 5 minutes servir, accompagné de riz blanc.

CREVETTES SAUTÉES AU CHOU

Coût : ★ ★ Diff. : ■
Préparation : 30 min
Cuisson : 25 min

POUR 4 PERSONNES

900 g environ de grosses
crevettes cuites
600 g de chou chinois
(ou, à défaut, de chou vert frisé)
2 cc d'huile
4 cc de sauce soja
2 cc de nuoc-mâm
1 pincée de mélange
« 5 parfums »
1 cc de purée de piment

LES PORTIONS

Pour 1 personne

1 Décortiquer les crevettes. Laver le chou et l'émincer. Porter à ébullition 1 litre d'eau salée. Ajouter le chou, le faire blanchir 3 minutes, puis l'égoutter.

2 Faire chauffer l'huile dans une large sauteuse anti-adhésive. Ajouter le chou, le faire sauter à feu moyen pendant 5 minutes en remuant. Ajouter la sauce soja, le nuoc-mâm, les épices et le piment, puis laisser cuire 10 minutes à feu doux.

3 Ajouter les crevettes dans la sauteuse, laisser mijoter encore 5 minutes à feu doux et servir.

SAUTÉ DE CREVETTES AU CURRY ET AUX ÉPINARDS

1 Retirer les têtes des gambas et les décortiquer.

2 Faire cuire les épinards décongelés 5 minutes dans une poêle antiadhésive. Les maintenir au chaud, les saler.

Coût : ★ ★ Diff. : ■
Préparation : 15 min
Cuisson : 20 min

POUR 4 PERSONNES

1 kg de gambas
1 kg d'épinards surgelés
4 cc d'huile d'olive
2 oignons
3 à 4 cs de pâte de curry
1 yaourt bulgare
10 cl de crème fraîche allégée
sel, poivre

LES PORTIONS

Pour 1 personne

45 Kcal

3 Faire chauffer l'huile dans une poêle et faire revenir les oignons. Ajouter ensuite la pâte de curry, mélanger pendant 3 minutes.

4 Ajouter les gambas. Laisser cuire 5 minutes de chaque côté. Les retirer de la poêle.

5 Incorporer au jus de cuisson le yaourt et la crème. Mélanger et porter à ébullition. Remettre les gambas dans cette sauce.

6 Servir avec les épinards.

On peut ajouter 1 portion de riz basmati (compter 1 portion orange en plus).

■ SOUFFLÉ DE CREVETTES AU BASILIC

1 Prendre 4 ramequins individuels.

2 Étaler une fine couche de basilic dans chaque ramequin. Couvrir avec 120 g de crevettes. Battre les œufs et la crème, ajouter 4 cuillères à café de jus de citron, sel et poivre. Répartir dans les 4 ramequins.

3 Couvrir chaque ramequin d'une feuille d'aluminium, puis les poser dans le panier perforé d'un autocuiseur et faire cuire pendant 20 minutes. Les flans gonflent comme un soufflé. Servir immédiatement.

Coût : ★ ★   Diff. : ■ ■
Préparation : 5 min
Cuisson : 25 min
POUR 4 PERSONNES
480 g de crevettes décortiquées
4 œufs
10 cl de crème fraîche allégée
4 cs de basilic
citron
sel, poivre
LES PORTIONS
Pour 1 personne
● ●
20 Kcal

■ TIAN AUX CREVETTES

Coût : ★   Diff. : ■
Préparation : 20 min
Cuisson : 30 min
POUR 4 PERSONNES
360 g de petites crevettes décortiquées surgelées
280 g de colin ou de merlan
400 g de champignons de Paris
2 cc de margarine
2 cc de Maïzena
1 œuf
1 verre de lait écrémé (25 cl)
30 g de gruyère allégé râpé
sel, poivre
LES PORTIONS
Pour 1 personne
ⓖ
● ● ⓜ

1 Laisser les crevettes décongeler dans une passoire. Éponger le poisson dans du papier absorbant, puis le couper en dés. Laver et équeuter les champignons, puis les émincer.
Préchauffer le four th.7 (210 °C).

2 Faire fondre la margarine dans une poêle antiadhésive. Ajouter les champignons, les faire revenir pendant 10 minutes, à feu moyen. En prélever la moitié, les mettre dans le bol du mixeur avec le poisson. Mixer quelques secondes. Saler et poivrer.

3 Battre dans un bol l'œuf, le lait et la Maïzena. Mélanger dans un saladier les crevettes, la farce au poisson et le reste des champignons émincés. Saler et poivrer.

4 Verser dans un plat allant au four et napper du mélange œuf-lait. Saupoudrer de gruyère râpé et faire cuire au four pendant 20 minutes. Déguster tiède ou froid, avec une salade verte bien relevée.

■ DORADE AUX LÉGUMES BRAISÉS

Coût : ★ ★ Diff. : ■
Préparation : 20 min
Cuisson : 25 min

POUR 4 PERSONNES

550 g de filets de dorade
(2 beaux filets)
200 g de fenouil
200 g de tomates bien mûres
200 g de courgettes
200 g d'aubergines
100 g d'oignons
2 cc d'huile d'olive
1 brin de sarriette (ou de thym)
sel, poivre

LES PORTIONS

Pour 1 personne

1 Éliminer les arêtes des filets et couper ceux-ci en deux.

2 Laver les légumes. Émincer le fenouil, couper les tomates en dés, les courgettes en fines tranches et les aubergines en dés. Éplucher et émincer l'oignon.

3 Faire chauffer l'huile dans une large sauteuse. Ajouter tous les légumes et la sarriette, saler et poivrer. Faire sauter à feu moyen pendant 15 minutes, en remuant.

4 Faire chauffer une autre poêle antiadhésive, y déposer le poisson et cuire les filets à feu vif, 4 minutes par face. Saler, poivrer, puis déposer les filets sur les légumes braisés. Laisser chauffer 2 minutes et servir.

■ DORADE AUX POIVRONS

Coût : ★ ★ Diff. : ■
Préparation : 15 min
Cuisson : 20 min

POUR 4 PERSONNES

550 g de filets de dorade
(2 beaux filets)
250 g de poivrons rouges
250 g de poivrons verts
100 g d'oignons
2 gousses d'ail
2 cc d'huile d'olive
1 cc de sucre en poudre
2 cc de vinaigre de vin

LES PORTIONS

Pour 1 personne

5 Kcal

1 Éliminer les arêtes des filets et couper ceux-ci en gros dés.

2 Laver les poivrons, les couper en fine julienne et enlever les graines. Éplucher et émincer l'oignon et l'ail.

3 Faire chauffer l'huile dans une sauteuse antiadhésive. Ajouter les poivrons, l'oignon et l'ail. Faire revenir 5 minutes à feu moyen. Verser le sucre et le vinaigre, mouiller avec un demi-verre d'eau. Laisser mijoter 15 minutes à feu doux, en remuant de temps en temps.

4 Lorsque les poivrons sont bien cuits, ajouter dans la sauteuse les dés de dorade. Laisser mijoter à feu très doux pendant 5 minutes. Servir chaud, accompagné de riz basmati cuit à l'eau.

Coût : ★ ★ Diff. : ■
Préparation : 15 min
Cuisson : 15 min

POUR 4 PERSONNES

4 filets de dorade (550 g)
700 g de moules
(ou 240 g en conserve au
naturel)
12,5 cl de vin blanc
600 g de carottes
4 cc de margarine
10 cl de crème fraîche allégée
1 échalote
1 petite botte de coriandre
1 cs de farine
sel, poivre

LES PORTIONS

Pour 1 personne

MG ● ◐

65 Kcal

■ FILETS DE DORADE AUX MOULES

1 Éplucher les carottes et faire des billes avec une cuillère spéciale. Les cuire à l'eau bouillante salée.

2 Nettoyer les moules, les faire ouvrir dans le vin blanc et l'échalote. Poivrer. Les décortiquer et garder le jus de cuisson.

3 Verser ce jus dans le compartiment inférieur d'un autocuiseur et cuire les filets de dorade 8 à 10 minutes.

4 Récupérer le jus de cuisson des dorades. Porter à ébullition, ajouter la coriandre, laisser cuire 3 minutes et mixer.

5 Faire un roux avec la margarine et la farine.

6 Verser le jus de cuisson sur le roux, bien mélanger et incorporer la crème fraîche, laisser épaissir. Ajouter les moules et les carottes.

7 Déposer chaque filet de dorade sur une assiette, napper de sauce et déguster.

■ EMPEREUR AUX ENDIVES BRAISÉES

Coût : ★ ★ Diff. : ■
Préparation : 20 min
Cuisson : 25 min

POUR 4 PERSONNES

550 g d'empereur
900 g d'endives
1 citron
2 cc de margarine
2 cs rases de crème fraîche
sel, poivre

LES PORTIONS

Pour 1 personne

LØ
● MG
15 Kcal

1 Vérifier que le poisson ne contient plus d'arêtes. Le diviser en 4 portions égales.
Laver les endives, creuser le pied, qui est souvent amer. Les émincer très finement.

2 Faire chauffer la margarine dans une grande sauteuse. Ajouter les endives. Les faire dorer à feu très doux pendant 5 minutes, sans colorer. Presser le citron, ajouter le jus aux endives. Saler, poivrer, couvrir et laisser mijoter à feu doux pendant 20 minutes.

3 Disposer le poisson sur une grande assiette. Saler et poivrer. Couvrir de film transparent perforé et faire cuire 3 à 5 minutes au micro-ondes (ou 5 minutes au court-bouillon).

4 Lorsque les endives sont cuites, faire évaporer l'excédent de liquide, si besoin. Lier avec la crème fraîche, rectifier l'assaisonnement et verser dans un plat chaud. Disposer le poisson sur les endives et servir très chaud.

■ PAPILLOTES D'EMPEREUR À LA MOUTARDE

Coût : ★ ★ Diff. : ■
Préparation : 15 min
Cuisson : 20 min

POUR 4 PERSONNES

550 g de filets d'empereur
(ou de cabillaud)
2 cc de moutarde de Dijon
2 cc de moutarde de Meaux
4 cc de crème fraîche
5 brins de ciboulette
3 brins de persil
1 citron
sel, poivre

LES PORTIONS

Pour 1 personne

10 Kcal

1 Éponger les filets de poisson avec du papier absorbant. Les débarrasser des arêtes et couper le poisson en 4 portions.
Préchauffer le four th.7 (210 °C).

2 Mélanger dans un petit bol les moutardes et la crème. Couper le citron en 2, en presser une moitié. Laver et essorer la ciboulette et le persil, puis les ciseler finement. Verser dans le mélange à la moutarde le jus de citron et les herbes. Saler et poivrer.

3 Découper 4 carrés de papier sulfurisé de 30 cm de côté. Émincer le reste du citron en très petits morceaux. Déposer une portion de poisson sur chaque feuille, puis badigeonner de sauce à la moutarde. Répartir les morceaux de citron. Fermer les papillotes en repliant le papier.

4 Installer les papillotes sur un grand plat et faire cuire à four chaud pendant 20 minutes. Servir bien chaud, accompagné d'épinards ou de pommes de terre cuites à la vapeur.

■ PAPILLOTES DE FLÉTAN À LA TOMATE

1 Diviser le flétan en 4 portions égales et ôter les arêtes. Préchauffer le four th.7 (210 °C).

2 Laver les tomates et le fenouil. Couper les tomates en dés, ôter les graines. Émincer le fenouil très finement.

3 Découper 4 carrés de papier sulfurisé de 30 cm de côté. Déposer sur chaque feuille une portion de poisson. Badigeonner de moutarde, déposer une tranche de citron, saler et poivrer. Répartir les tomates et le fenouil dans les papillotes. Saupoudrer de feuilles de thym et arroser d'huile. Replier le papier pour fermer les papillotes.

Coût : ★ ★ Diff. : ■
Préparation : 25 min
Cuisson : 25 min
POUR 4 PERSONNES

550 g de filets de flétan
400 g de tomates bien mûres
200 g de fenouil
4 cc de moutarde forte
4 tranches de citron
1 brin de thym
2 cc d'huile d'olive
sel, poivre

LES PORTIONS

Pour 1 personne

🅑

🅖

4 Disposer les papillotes sur un grand plat allant au four et faire cuire à four chaud pendant 20 à 25 minutes. Servir chaud et compléter éventuellement ce plat avec un peu de riz créole ou quelques pommes de terre vapeur.

■ FONDUE
À LA CHINOISE

Coût : ★ ★ ★ Diff. : ■
Préparation : 35 min
Cuisson à table

POUR 4 PERSONNES

140 g de lotte
140 g de dorade
240 g de crevettes décortiquées
140 g de pétoncles
140 g de cabillaud
2 cs de sauce soja
2 cs de nuoc-mâm
2 cs de jus de citron
1 brin de coriandre fraîche
200 g de germes de soja
200 g de petites courgettes
200 g de champignons de Paris
150 g de jeunes carottes
5 brins de ciboulette
1 cube de bouillon de légumes
purée de piment
sauce soja

LES PORTIONS

Pour 1 personne

20 Kcal

1 Éponger tous les poissons à l'aide de papier absorbant. Les couper en lamelles fines. Les disposer sur un large plat et les assaisonner de sauce soja, nuoc-mâm, jus de citron et coriandre. Couvrir de film étirable et laisser au frais pendant la préparation des légumes.

2 Rincer les germes de soja sous l'eau fraîche. Laver les courgettes, éplucher les carottes et nettoyer les champignons. Émincer ces trois légumes en tranches très fines. Les disposer sur un grand plat, avec les germes de soja, en alternant les couleurs.

3 Au moment du repas, remplir un caquelon à fondue d'eau chaude. Ajouter la ciboulette ciselée, le bouillon de légumes et la marinade du poisson. Laisser bouillir à petit feu. Disposer le caquelon au centre de la table.

4 Chacun se sert de poisson et de légumes et fait pocher ses ingrédients dans le bouillon frémissant. Servir du riz blanc en accompagnement et des coupelles de purée de piment et de sauce soja.

■ SALADE DE LENTILLES AUX HARENGS

Coût : ★ Diff. : ■
Préparation : 15 min
Cuisson : 10 min

POUR 4 PERSONNES

480 g de lentilles cuites
sous vide (ou en conserve)
150 g d'oignons blancs
240 g de filets de hareng
(sous vide)
150 g de salade mélangée
(en sachet)
2 cc de moutarde de Meaux
2 cs de vinaigre de xérès
2 cc d'huile de soja
5 brins de persil
sel, poivre

LES PORTIONS

Pour 1 personne

1 Faire réchauffer les lentilles dans leur sachet, au bain-marie, pendant 10 minutes. Pour les lentilles en conserve : ouvrir la boîte et faire réchauffer son contenu dans une casserole, à feu très doux.

2 Éplucher et émincer les oignons blancs. Rincer les filets de hareng sous l'eau fraîche, puis les sécher dans du papier absorbant. Les couper en petits dés. Ouvrir le sachet de salade, la rincer sous l'eau fraîche, puis l'essorer.

3 Mélanger dans un bol la moutarde, le vinaigre et l'huile. Sortir les lentilles du bain-marie. Ouvrir le sachet et égoutter les lentilles dans une passoire. Les verser ensuite au centre du plat de service. Ajouter les oignons et les dés de hareng et mélanger. Disposer la salade tout autour.

4 Verser la vinaigrette et rectifier l'assaisonnement. Attention au sel, car les harengs en contiennent déjà. Hacher le persil et en saupoudrer le plat. Servir tiède.

■HOMARD SAUCE CITRONNÉE

Coût : ★ ★ ★   Diff. : ■
Préparation : 20 min
Cuisson : 10 min

POUR 4 PERSONNES

2 petits homards de 600 g
environ
2 tablettes de court-bouillon
1 citron vert
2 cc d'huile d'olive
100 g de tomate fraîche
5 feuilles de basilic
1/2 cc de poivre noir concassé
sel

Décoration : feuilles de salade,
quartiers de citron vert et jaune

LES PORTIONS

Pour 1 personne

5 Kcal

1 Choisir des homards bien vivants. Délayer le court-bouillon dans une cocotte contenant 1,5 litre d'eau. Porter à ébullition.
Jeter les homards dans l'eau bouillante, baisser le feu et laisser cuire 10 minutes à petite ébullition. Les égoutter la tête en bas et les laisser tiédir.

2 Tronçonner les carapaces en 2, dans le sens de la longueur, de la tête à la queue. Disposer les demi-homards sur des assiettes.

3 Presser le citron. Laver la tomate. La couper en minuscules dés et ôter les graines. Verser le jus de citron dans un petit bol. Ajouter l'huile, les dés de tomate, les feuilles de basilic ciselées et le poivre concassé. Saler et mélanger.

4 Décorer les assiettes avec de la salade verte et des quartiers de citron. Servir la sauce à part.

JARDINIÈRE
DE POISSONS VAPEUR

Coût : ★ ★ ★ Diff. : ■
Préparation : 15 min
Cuisson : 20 min

POUR 4 PERSONNES

280 g de filets de saumon
280 g de filets de cabillaud
280 g de filets de sole
4 cc d'huile d'olive
6 carottes
4 oignons nouveaux
2 blancs de poireau
400 g de brocolis
4 brins de cerfeuil
sel, poivre

LES PORTIONS

Pour 1 personne

1 Éplucher les carottes. Éliminer le vert des oignons. Émincer les blancs de poireau. Séparer les brocolis en bouquets.

2 Mettre tous ces légumes dans le panier d'un auto-cuiseur. Les saler. Cuire 10 minutes.

3 Rincer et essuyer les filets de poisson. Les ajouter aux légumes. Faire cuire 10 minutes.

4 Mettre sur le plat de service. Poivrer. Parsemer de cerfeuil et arroser avec l'huile d'olive.

LIEU À LA VAPEUR SAUCE MOUSSELINE

1 Porter à ébullition une grande quantité d'eau dans l'autocuiseur. Éponger les filets de poisson dans du papier absorbant.

2 Éplucher et émincer finement les échalotes. Faire fondre la margarine dans une petite casserole à fond épais. Ajouter les échalotes, les faire revenir à feu doux pendant 5 minutes, en remuant, sans colorer. Mouiller avec le vin blanc, saler, poivrer et laisser mijoter 10 minutes à feu doux.

3 Lorsque le liquide est totalement évaporé, ôter du feu et laisser tiédir. Ajouter le jaune d'œuf et le fromage blanc. Mettre la casserole au bain-marie frémissant et travailler la sauce au fouet électrique, pendant 5 minutes.
La sauce doit devenir plus épaisse et mousseuse. Elle ne doit jamais bouillir, sinon elle se décompose.

4 Maintenir la sauce au chaud, bain-marie éteint. Disposer le poisson dans le panier de l'autocuiseur et faire cuire 10 minutes. Servir le poisson sur des assiettes chaudes, entouré d'un cordon de sauce. Accompagner de pommes vapeur ou de légumes croquants (courgettes, pois, carottes...).

Coût : ★ Diff. : ■ ■ ■
Préparation : 15 min
Cuisson : 30 min

POUR 4 PERSONNES

4 filets de lieu (4 x 140 g)
100 g d'échalotes
2 cc de margarine
12, 5 cl de vin blanc sec
1 jaune d'œuf
200 g de fromage blanc à 0 %
sel, poivre

LES PORTIONS

Pour 1 personne

◉ ◑ ⓝ
25 Kcal

■ PAUPIETTES DE LIMANDE SAUCE AUX ASPERGES

1 Éponger les filets de limande. Ôter les arêtes, si besoin. Les étaler sur le plan de travail. Éponger le saumon avec du papier absorbant. Le couper en 4 portions égales. Répartir le saumon sur les filets de limande, puis rouler les filets sur eux-mêmes et les maintenir avec de la ficelle de cuisine ou une pique en bois.

2 Porter à ébullition 1 litre d'eau additionnée du cube de bouillon de légumes et du jus de citron. Ajouter les paupiettes de poisson et les cuire 15 minutes dans le liquide juste frémissant.

3 Pendant ce temps, faire cuire les asperges à la vapeur 10 minutes (ou à l'eau bouillante salée, 10 minutes également). Les égoutter soigneusement. En prélever la moitié et les mixer avec la crème. Saler et poivrer. Maintenir la sauce aux asperges au chaud et les asperges qui restent dans un bain-marie ou au micro-ondes (puissance douce).

4 Au moment de servir, égoutter les paupiettes et les disposer sur les assiettes. Ôter la ficelle ou les piques en bois. Napper de sauce et décorer avec les asperges entières.

Pour obtenir un plat plus consistant, ajouter des tagliatelles fraîches.

Coût : ★ ★ Diff. : ■ ■
Préparation : 20 min
Cuisson : 25 min
POUR 4 PERSONNES
4 filets de limande (4 x 140 g)
140 g de saumon frais
1 cube de bouillon de légumes
2 cs de jus de citron
300 g d'asperges vertes surgelées
2 cs rases de crème fraîche
sel, poivre
LES PORTIONS
Pour 1 personne
🅑
⬤
🌙 + 20 Kcal

ROULÉS DE LIMANDE À LA TOMATE

Coût : ★ Diff. : ■
Préparation : 15 min
Cuisson : 25 min
POUR 4 PERSONNES
4 filets de limande (4 x 140 g)
2 cc de câpres
500 g de tomates bien mûres
1 gousse d'ail
2 cc d'huile d'olive
5 brins de cerfeuil
sel, poivre
LES PORTIONS
Pour 1 personne

1 Éponger les filets avec du papier absorbant. Ôter si besoin les arêtes. Étaler les filets sur le plan de travail. Les poivrer, et répartir les câpres sur chacun d'eux. Rouler les filets et les maintenir fermés avec une pique en bois.

2 Laver les tomates, puis les couper en dés. Éplucher l'ail et l'émincer. Faire chauffer l'huile dans une poêle antiadhésive. Ajouter les tomates et l'ail. Saler, poivrer et laisser mijoter à feu moyen pendant 10 minutes.

3 Déposer les roulés de limande sur les tomates en purée, puis laisser cuire à feu doux pendant 15 minutes, en les retournant à mi-cuisson.

4 Servir chaud, saupoudré de cerfeuil ciselé. Accompagner de pommes vapeur ou de riz créole.

LOTTE ET CREVETTES AUX ÉPICES

Coût : ★ ★ ★ Diff. : ■
Préparation : 15 min
Cuisson : 15 min
POUR 4 PERSONNES
650 g de queue de lotte coupée en morceaux
240 g de crevettes décortiquées
4 cc de margarine
10 cl de crème fraîche
2 carottes
1 courgette
1 cs de farine
1 cc de curry
1 pointe de safran
sel, poivre
LES PORTIONS
Pour 1 personne
60 Kcal

1 Éplucher et râper les carottes. Laver la courgette et la couper en lanières. Faire cuire les légumes à la vapeur environ 5 minutes.

2 Fariner les morceaux de lotte. Saler, poivrer. Les faire revenir 5 minutes à la poêle, dans la margarine chaude.

3 Ajouter les crevettes et le curry. Poursuivre la cuisson 1 minute, puis retirer le tout et réserver.

4 Déglacer la poêle avec la crème fraîche, ajouter le safran. Faire bouillir à feu vif pour épaissir.

5 Ajouter les légumes cuits à la vapeur, les morceaux de lotte et les crevettes. Faire réchauffer et servir.

■ MAQUEREAUX MARINÉS

Coût : ★ Diff. : ■
Préparation : 20 min
(+ 12 à 24 h d'attente)
Cuisson : 5 min

POUR 4 PERSONNES

550 g de filets de maquereau
très frais
gros sel
100 g de carottes
100 g d'oignons
2 gousses d'ail
1 brin de thym
1 feuille de laurier
1 cc de poivre noir concassé
1 branche de céleri (100 g)
12, 5 cl de vin blanc sec
2 cc d'huile d'olive

LES PORTIONS

Pour 1 personne

● ● 🅜🅖

25 Kcal

1 Éponger les filets de maquereau avec du papier absorbant. Les frotter avec du gros sel et les laisser reposer au frais pendant la préparation de la marinade.

2 Éplucher et laver les carottes. Les couper en rondelles très fines, ainsi que le céleri. Éplucher et émincer l'oignon et l'ail. Verser les rondelles de carotte, d'oignon et de céleri, ainsi que l'ail, le thym et le laurier dans une casserole. Ajouter le poivre, le vin blanc et un demi-verre d'eau. Porter à ébullition à feu doux.

3 Rincer les filets sous l'eau fraîche, puis les éponger avec du papier absorbant. Les ranger dans une terrine ou un petit saladier. Verser par-dessus la marinade bouillante.

4 Laisser tiédir, arroser d'huile et disposer au frais pendant au moins 12 heures. Déguster avec du pain grillé frotté à l'ail et des crudités.

■ RILLETTES DE MAQUEREAU

1 Débarrasser les filets de maquereau des dernières arêtes et des lambeaux de peau. Les couper en gros dés.

2 Éplucher l'oignon et l'ail. Laver et sécher le persil et l'estragon. Ôter les tiges dures et ne garder que les parties tendres des herbes. Presser le citron.
Préchauffer le four th.5 (150 °C).

Coût : ★ Diff. : ■
Préparation : 15 min
Cuisson : 40 min

POUR 4 PERSONNES

620 g de maquereau en filets
50 g d'oignons blancs
1 gousse d'ail
2 brins d'estragon
5 brins de persil frisé
1 citron
3 blancs d'œufs
8 cc de crème fraîche allégée
sel, poivre

LES PORTIONS

Pour 1 personne

● ● ◖

10 Kcal

3 Verser dans le mixeur le poisson, les herbes, l'oignon et l'ail, les blancs d'œufs et la crème. Mixer quelques secondes, puis saler et poivrer. Ajouter 2 cuillères environ de jus de citron.

4 Verser le mélange dans une terrine à pâté munie d'un couvercle et faire cuire au four pendant 40 minutes. Laisser tiédir, puis mettre au frais.
Servir bien frais avec des toasts grillés.

Coût : ★ ★ Diff. : ■
Préparation : 25 min
Cuisson : 30 min

POUR 4 PERSONNES

140 g de lotte
140 g de rouget (filets)
140 g de cabillaud
400 g de moules (= 120 g
décortiquées)
100 g d'oignons
150 g de carottes
150 g de poireaux
1 gousse d'ail
1 bouquet garni (thym, laurier,
persil)
12, 5 cl de vin blanc sec
2 doses de safran
2 cs rases de crème fraîche
sel, poivre

LES PORTIONS

Pour 1 personne

40 Kcal

■MARMITE DU PÊCHEUR

1 Éponger les poissons, puis ôter les arêtes. Couper les poissons en gros dés. Nettoyer les moules. Laver et éplucher les légumes. Les couper en fine julienne.

2 Faire chauffer une cocotte à fond épais. Ajouter les moules, les faire ouvrir sur feu vif 5 minutes, en remuant. Les décortiquer, récupérer le jus et le filtrer.

3 Mettre dans la cocotte les légumes, les dés de poisson les moules et le bouquet garni. Mouiller avec le vin blanc et un demi-verre d'eau. Saler, poivrer, ajouter le safran. Couvrir et laisser mijoter 25 minutes, à feu très doux.

4 Au moment de servir, faire réduire le jus de cuisson à feu vif, en réservant le poisson sur une assiette. Lier ensuite avec la crème et servir aussitôt.

■MORUE EN BRANDADE PARMENTIER

1 Faire tremper la morue pour ôter l'excédent de sel, selon les instructions de l'emballage ou les conseils du poissonnier.

2 Porter à ébullition deux casseroles d'eau non salée. Faire cuire les pommes de terre avec leur peau dans la première, pendant 20 minutes.
Dans la seconde, plonger les filets de morue dans l'eau frémissante et laisser cuire à feu très doux pendant 10 minutes, sans faire bouillir.

Coût : ★ Diff. : ■
Préparation : 25 min
Cuisson : 30 min

POUR 4 PERSONNES

550 g de morue salée
600 g de pommes de terre
12,5 cl de lait écrémé
2 gousses d'ail
2 cc d'huile d'olive

LES PORTIONS

Pour 1 personne

10 Kcal

3 Égoutter le poisson et l'émietter finement à l'aide d'une fourchette, en retirant les débris de peau et les arêtes. Réserver sur une assiette.

4 Faire tiédir le lait. Éplucher les pommes de terre et les réduire en purée à l'aide d'un presse-purée.
Ajouter le lait petit à petit, pour obtenir une purée onctueuse. Ajouter dans la purée l'huile le poisson, et l'ail émincé. Mélanger, sans battre, et maintenir au chaud jusqu'au moment de servir.

■ MORUE AUX LÉGUMES

Coût : ★ Diff. : ■
Préparation : 25 min
(+ dessalage de la morue)
Cuisson : 20 min

POUR 4 PERSONNES

550 g de morue salée
100 g d'oignons
300 g de fenouil
300 g de tomates
100 g de poivron vert
2 gousses d'ail
400 g de pommes de terre
2 cc d'huile d'olive
1 dosette de safran
poivre

LES PORTIONS

Pour 1 personne
🅛🅑
● ● ● 🅜🅖

1 Faire dessaler la morue en suivant les instructions de l'emballage ou les conseils du poissonnier (la durée peut varier d'une heure à 12 heures). Bien égoutter le poisson et l'éponger dans du papier absorbant, puis le couper en gros dés.

2 Éplucher les oignons et l'ail, puis les émincer. Laver le fenouil, les tomates et le poivron. Les couper en dés. Éplucher et laver les pommes de terre et les couper en dés.

3 Porter une casserole d'eau salée à ébullition. D'autre part, faire chauffer l'huile dans une cocotte à fond épais. Ajouter les oignons et l'ail. Laisser dorer 3 minutes, puis ajouter les tomates, le fenouil et le poivron. Mélanger, mouiller avec un demi-verre d'eau chaude, ajouter le safran et poivrer. Couvrir et laisser mijoter 10 minutes à feu doux.

4 Faire cuire les pommes de terre 10 minutes dans l'eau bouillante. Baisser le feu et ajouter les dés de morue. Les faire pocher à feu très doux pendant 2 minutes. Égoutter les pommes de terre et le poisson. Verser l'ensemble dans la cocotte, avec le reste des légumes et laisser mijoter encore 5 minutes à feu doux. Goûter pour rectifier le sel et servir chaud. Ce plat peut se préparer à l'avance et se réchauffer sans problème.

■ MORUE AUX POMMES DE TERRE

Coût : ★ Diff. : ■
Préparation : 25 min
Cuisson : 40 min

POUR 4 PERSONNES

550 g de morue dessalée
800 g de pommes de terre
1 gousse d'ail
400 g de tomates bien mûres
2 cc d'huile d'olive
12 olives noires
5 brins de persil
sel, poivre

LES PORTIONS

Pour 1 personne
🅛🅑
● ● ● 🅜🅖
15 Kcal

1 Éponger la morue avec du papier absorbant, puis la couper en gros dés. Éplucher et laver les pommes de terre. Les couper en cubes. Couper les tomates en dés.

2 Porter à ébullition une grande quantité d'eau dans l'autocuiseur. Disposer les pommes de terre et la morue dans le panier et faire cuire 20 minutes à la vapeur.

3 Faire chauffer l'huile dans une poêle antiadhésive. Ajouter la gousse d'ail épluchée et laisser revenir 2 minutes à feu très doux. Ajouter les tomates coupées en dés. Saler légèrement et poivrer, puis laisser mijoter 15 minutes à feu doux.

4 Couper les olives en petits morceaux, hacher le persil. Quand le poisson et les pommes de terre sont cuits, les verser dans la poêle et mélanger délicatement. Ajouter les olives et le persil haché. Servir aussitôt.

■ BROCHETTES DE MOULES

Coût : ★ Diff. : ■
Préparation : 30 min
Cuisson : 15 min

POUR 4 PERSONNES

1,2 kg de moules (480 g net)
200 g de petits oignons blancs
300 g de courgettes
300 g de tomates cerises
2 pincées de curry
2 cc d'huile d'olive
1 citron
sel, poivre

LES PORTIONS

Pour 1 personne

1 Laver et gratter les moules. Les faire ouvrir à feu vif dans une large cocotte, 5 minutes environ. Ôter les coquilles et réserver les moules sur une assiette.

2 Éplucher les oignons et les couper en 4 (les laisser entiers s'ils sont de très petite taille). Laver les courgettes, les couper en rondelles. Laver et essuyer les tomates cerises.

3 Réaliser 8 brochettes en alternant oignons, courgettes, moules et tomates. Terminer par un morceau d'oignon. Saler, poivrer, saupoudrer de curry.

4 Faire chauffer le gril électrique ou préparer des braises dans le barbecue. Badigeonner les brochettes d'huile d'olive à l'aide d'un pinceau et les faire griller 5 à 10 minutes, en les retournant plusieurs fois. Servir arrosé de citron et accompagné de crudités.

■ FLAN DE MOULES AU CÉLERI

1 Préchauffer le four th. 6 (180 °C).

Coût : ★ Diff. : ■
Préparation : 15 min
Cuisson : 20 min

POUR 4 PERSONNES

1 kg de moules (360 g décoquillées)
3 à 4 feuilles tendres de céleri en branches
2 œufs
25 cl de lait écrémé
4 cs de farine
1 pincée de noix de muscade
sel, poivre

LES PORTIONS

Pour 1 personne

2 Laver les moules. Les faire ouvrir à feu vif dans une cocotte. Les poivrer. Lorsqu'elles sont ouvertes, les laisser refroidir, puis les décoquiller.

3 Laver et émincer finement les feuilles de céleri.

4 Dans une jatte, battre les œufs en omelette avec sel et poivre. Ajouter la farine, le lait et la muscade.

5 Mettre cette préparation dans un moule antiadhésif (ou dans des ramequins individuels) avec les moules et le céleri.

6 Faire cuire au bain-marie 20 à 25 minutes (le flan doit être pris et bien doré en surface).

■TARTE AUX MOULES

1 Préchauffer le four th. 6 (180 °C).

2 Garnir un moule de la pâte brisée. Piquer le fond avec une fourchette.

3 Nettoyer les moules. Les mettre dans une sauteuse avec le vin blanc sur feu vif. Dès qu'elles sont ouvertes, les décoquiller.

4 Filtrer le jus de cuisson des moules et faire réduire jusqu'à ce qu'il ne reste que 3 cuillères à soupe environ. Laisser refroidir, puis mélanger avec la farine.

5 Mélanger les œufs, la crème et le jus de cuisson des moules. Ajouter la muscade. Saler légèrement et poivrer. Ajouter les moules décoquillées.

6 Mettre ce mélange sur le fond de tarte et faire cuire 25 minutes environ. Le dessus doit être doré.

7 Servir chaud ou tiède avec une salade verte.

Coût : ★ Diff. : ■
Préparation : 15 min
Cuisson : 30 min
POUR 8 PERSONNES
240 g de pâte brisée toute prête
1,8 kg de moules (ou 600 g de moules au naturel)
12,5 cl de vin blanc
1 cc de farine
3 œufs
10 cl de crème fraîche
muscade
sel, poivre
LES PORTIONS
Pour 1 personne
● + 25 kcal

■PANACHÉ DE COQUILLAGES À LA BIÈRE

1 Laver et gratter les moules, les coques et les bulots.

2 Éplucher les oignons, les hacher.

3 Couper les branches de céleri en fins bâtonnets.

4 Faire cuire sans colorer dans la margarine le oignons, le céleri et le persil. Ajouter le thym et l

Coût : ★ ★ Diff. : ■
Préparation : 5 min
Cuisson : 20 min
POUR 4 PERSONNES
500 g de moules
500 g de coques
400 g de bulots
25 cl de bière
4 cc de margarine
2 oignons
2 branches de céleri
2 cs de persil
1 branche de thym
1 feuille de laurier
sel, poivre
LES PORTIONS
Pour 1 personne
MG
25 kcal

laurier, puis les bulots. Ajouter la bière, couvrir et cuire 10 minutes. Saler, poivrer. Enfin, ajouter les moules et les coques. Faire cuire encore 10 minutes, toujours à couvert. Servir bien chaud.

■ PÉTONCLES
AU BOURGOGNE ALIGOTÉ

Coût : ★ ★ Diff. : ■
Préparation : 15 min
Cuisson : 20 min

POUR 4 PERSONNES

550 g de pétoncles frais ou surgelés
100 g d'échalotes
2 cc de margarine
12, 5 cl de bourgogne aligoté
2 cs rases de crème fraîche
sel, poivre

LES PORTIONS

Pour 1 personne
◉ ◍
40 kcal

1 Éponger les pétoncles à l'aide de papier absorbant. Les couper en 2 dans le sens de l'épaisseur s'ils sont très épais.

2 Éplucher et émincer les échalotes finement. Faire fondre la margarine dans une petite casserole à fond épais. Ajouter les échalotes. Les faire revenir 5 minutes à feu très doux, en remuant. Elles ne doivent pas brunir. Couvrir de vin blanc, saler et poivrer, puis laisser réduire à feu doux 10 minutes, en surveillant.

3 Lorsque les échalotes sont pratiquement cuites, faire chauffer une large poêle antiadhésive. Ajouter les pétoncles et les faire raidir à feu vif, 3 minutes sur chaque face. Ôter du feu et maintenir au chaud.

4 Lier la réduction d'échalotes avec la crème fraîche, napper les pétoncles de sauce et servir.

On peut accompagner ce plat de petits légumes à la vapeur (carottes, haricots verts, navets) ou d'épinards.

■AILES DE RAIE
À LA PURÉE DE PERSIL

Coût : ★ ★ Diff. : ■
Préparation : 10 min
Cuisson : 20 min

POUR 4 PERSONNES

400 g de persil
1 kg d'ailes de raie
4 échalotes
4 cc de fumet de poisson
(pour 40 cl)
4 cc de margarine
3 cl de noilly
10 cl de crème fraiche allégée
2 cs de câpres au vinaigre
1 citron
1 pincée de bicarbonate
1 pincée de noix de muscade
sel, poivre

LES PORTIONS

Pour 1 personne
● MG
65 kcal

1 Effeuiller le persil et le plonger dans l'eau bouillante bicarbonatée pendant 2 minutes. Le rafraîchir, l'égoutter et l'essorer.

2 Peler et hacher les échalotes, les faire revenir 2 minutes dans une poêle antiadhésive. Ajouter le persil, remuer 2 minutes. Mouiller avec 10 cl de fumet de poisson, poursuivre la cuisson 5 minutes. Mixer ensuite avec la margarine, la muscade, le sel et le poivre.

3 Mettre les ailes de raie dans 20 cl de fumet froid. Sur feu doux, porter 5 minutes à frémir. Retirer la casserole du feu, couvrir et laisser pocher 10 minutes.

4 Mélanger les 10 cl de fumet restants et le noilly, faire bouillir puis ajouter la crème. Réduire pour obtenir une sauce onctueuse. Ajouter, hors du feu, les câpres et le filet de citron.

5 Égoutter la raie. Retirer la peau. Mettre dans les assiettes la purée de persil réchauffée. Poser la raie dessus. Napper de sauce au noilly. Décorer de tranches de citron.

■ RAIE GRATINÉE

Coût : ★ Diff. : ■
Préparation : 15 min
Cuisson : 30 min

POUR 4 PERSONNES

550 g de raie
2 cs de vinaigre blanc
1 tablette de court-bouillon
25 cl de lait écrémé (1 grand verre)
20 g de Maïzena
2 cc de margarine
1 pincée de muscade
30 g de gruyère allégé râpé
sel, poivre

LES PORTIONS

Pour 1 personne

25 Kcal

1 Faire tremper la raie 5 minutes dans de l'eau fraîche vinaigrée.
Délayer la tablette de court-bouillon dans une casserole d'eau et porter à ébullition. Ajouter la raie et faire cuire 15 minutes à petit feu (sans faire bouillir). Égoutter le poisson.

2 Délayer la Maïzena dans le lait froid. Verser dans une petite casserole et porter à ébullition en remuant à l'aide d'un fouet à main. Faire bouillir 2 minutes, puis retirer du feu. Ajouter la margarine et la muscade. Bien mélanger, saler et poivrer.

3 Préchauffer le four th. 7 (210 °C).

4 Éponger parfaitement le poisson avec du papier absorbant, puis retirer le cartilage. Disposer la chair du poisson dans un plat résistant à la chaleur. Verser la sauce par-dessus et saupoudrer de gruyère râpé. Faire gratiner à four chaud pendant 15 minutes. Servir chaud avec des pommes vapeur ou des épinards.

■ RAIE SAUCE MOUTARDE

Coût : ★ Diff. : ■
Préparation : 25 min
Cuisson : 35 min

POUR 4 PERSONNES

550 g de raie
2 cs de vinaigre blanc
1 tablette de court-bouillon
300 g de carottes nouvelles
400 g de pois gourmands
(ou, à défaut, de haricots verts)
2 cc de margarine
2 cc de Maïzena
4 cc de moutarde de Meaux
4 cc de crème allégée
sel, poivre

LES PORTIONS

Pour 1 personne

10 Kcal

1 Faire tremper la raie 5 minutes dans l'eau froide, additionnée de vinaigre.
Porter à ébullition 1 litre d'eau assaisonnée du court-bouillon en tablette.
Ajouter le poisson, le faire cuire 15 minutes dans l'eau frémissante, puis l'égoutter, en conservant un verre du liquide de cuisson. Garder le poisson au chaud.

2 Laver les carottes et les pois. Éplucher les carottes, les couper si elles sont grosses. Faire cuire les légumes 20 minutes à la vapeur (ou à l'eau bouillante salée). Les garder au chaud.

3 Faire fondre la margarine dans une petite casserole. Ajouter la Maïzena, la moutarde et le liquide de cuisson du poisson. Mélanger au fouet et porter à ébullition à petit feu. Dès que la sauce a épaissi, retirer du feu. Saler, poivrer, ajouter la crème. Servir le poisson nappé de sauce, entouré des légumes.

■ROUGET AU BEURRE DE BASILIC

Coût : ★ ★ Diff. : ■ ■
Préparation : 20 min
Cuisson : 10 min

POUR 4 PERSONNES

4 ou 8 filets de rouget (550 g)
200 g de petites tomates bien mûres
300 g de petites courgettes
300 g de haricots verts extra fins
8 cc de margarine allégée
1 gousse d'ail
10 feuilles de basilic
sel, poivre

LES PORTIONS

Pour 1 personne

1 Porter à ébullition une grande quantité d'eau dans l'autocuiseur.
Sortir la margarine du réfrigérateur.

2 Vérifier que les filets de poisson ne contiennent plus d'arêtes. Laver les légumes. Couper les courgettes en très fines rondelles, sans les éplucher. Couper les tomates en deux ou en quatre, selon leur taille. Équeuter les haricots et les couper en deux.

3 Éplucher l'ail, effeuiller le basilic, après l'avoir lavé et essoré. Hacher le basilic et l'ail. Disposer la margarine dans un petit bol, ajouter le basilic et l'ail. Saler et poivrer, puis malaxer à l'aide d'une petite spatule pour obtenir une pâte souple et homogène. Couvrir le bol de film étirable et réserver au frais jusqu'au moment du repas.

4 Disposer les légumes et le poisson dans le panier de l'autocuiseur, en séparant les différents ingrédients. Faire cuire 10 minutes. Vérifier la cuisson et servir immédiatement. Disposer sur chaque assiette un ou deux filets de poisson, entourer des légumes et assaisonner d'une noix de beurre de basilic.

■ SARDINES GRATINÉES

Coût : ★ Diff. : ■
Préparation : 35 min
Cuisson : 40 min

POUR 4 PERSONNES

8 belles sardines (8 x 100 g)
600 g de tomates bien mûres
2 cc d'huile d'olive
2 gousses d'ail
50 g d'oignon
10 brins de persil frisé
2 biscottes
sel, poivre

LES PORTIONS

Pour 1 personne

20 Kcal

1 Frotter les sardines dans un chiffon propre, pour retirer les écailles. Couper les têtes des sardines, les vider. Les ouvrir en 2 et ôter l'arête centrale. Les laver soigneusement, puis les essuyer (ou plus simple : les faire préparer par le poissonnier). Les saler et les poivrer.

2 Préchauffer le four th. 7 (210 °C).
Laver les tomates, retirer les graines et les couper en tranches très fines. Les disposer dans un saladier. Ajouter l'huile, du sel et du poivre.

3 Éplucher l'ail et l'oignon, laver le persil. Les hacher finement. Les ajouter aux tomates et mélanger. Écraser les biscottes.

4 Disposer dans un plat allant au four une couche de tomates, une couche d sardines, une couche de tomates et ainsi de suite. Terminer par des tomate Tasser légèrement avec le plat de la main, puis saupoudrer de biscottes écrasée Faire cuire au four pendant 40 minutes environ. Servir tiède ou froid.

FILETS DE SAUMON AUX NAVETS

Coût : ★ ★ ★ Diff. : ■
Préparation : 15 min
Cuisson : 25 min

POUR 4 PERSONNES

1 kg de petits navets
200 g de pois gourmands
4 filets de saumon (4 x 140 g)
1 cc de sucre
1 cs de gros sel
2 cc de vinaigre de cidre
8 cc d'huile de noisette
1 gousse d'ail
brins de cerfeuil
sel, poivre

LES PORTIONS

Pour 1 personne

1 Éplucher les navets, les mettre dans une sauteuse antiadhésive avec le sucre. Verser de l'eau à hauteur des navets. Faire bouillir. Couvrir, laisser cuire 15 minutes. Retirer le couvercle. Poursuivre la cuisson jusqu'à ce qu'il reste à peu près 2 cuillères à soupe de liquide. Tourner dans ce fond de cuisson pour qu'ils caramélisent légèrement.

2 Équeuter les pois gourmands. Les faire cuire 5 minutes à l'eau bouillante. Les rafraîchir, les égoutter et les ajouter aux navets. (Réchauffer ces légumes au moment de servir.)

3 Parsemer le fond d'une poêle de la cuillère à soupe de gros sel. La chauffer à feu vif. Faire cuire les filets de saumon côté peau 5 à 6 minutes. Les retourner et faire cuire encore 2 minutes.

4 Dans un bol, mélanger le vinaigre, l'huile, le sel et le poivre. Ajouter la gousse d'ail hachée. Fouetter à la fourchette. Faire tiédir cette sauce au bain-marie.

5 Mettre les filets de saumon sur des assiettes. Garnir du mélange pois gourmands-navets. Arroser de vinaigrette et parsemer de cerfeuil.

133

■ POÊLÉE DE SAUMON AUX RAISINS FRAIS

Coût : ★ ★ ★ Diff. : ■
Préparation : 15 min
Cuisson : 15 min

POUR 4 PERSONNES

400 g de raisin Chasselas
ou italia
280 g de saumon
280 g de noix de Saint-Jacques
2 échalotes
4 cc de margarine
12,5 cl de vin blanc sec
sel, poivre

LES PORTIONS

Pour 1 personne

● + 25 Kcal

1 Rincer les grappes de raisin, les égrener.

2 Rincer les noix de Saint-Jacques, les sécher et découper le saumon en morceaux.

3 Hacher les échalotes et les faire revenir à la poêle dans la margarine. Ajouter les noix de Saint-Jacques. Dès qu'elles sont dorées, ajouter les raisins.

4 Verser le vin blanc. Laisser bouillir doucement pour réduire. Réserver la préparation au chaud.

5 Dans une poêle antiadhésive, faire revenir le saumon pendant 2 minutes environ. Saler, poivrer.

6 Disposer autour du saumon les noix de Saint-Jacques et les grains de raisin. Verser dans la poêle leur jus de cuisson. Faire bouillir 1 minute et verser sur les noix de Saint-Jacques et le saumon. Servir.

■THON À LA PROVENÇALE

Coût : ★ Diff. : ■
Préparation : 20 min
Cuisson : 30 min

POUR 4 PERSONNES

550 g de thon rouge en une
seule tranche
200 g d'oignons
2 gousses d'ail
150 g de poivron vert
400 g de tomates bien mûres
2 cc d'huile d'olive
1 brin de thym
1/2 feuille de laurier
20 g de câpres
sel, poivre

LES PORTIONS

Pour 1 personne

1 Éponger le thon dans du papier absorbant. Éplucher les oignons et l'ail et les émincer. Laver le poivron et les tomates, puis les couper en dés, en ôtant les pépins.

2 Faire chauffer l'huile dans une cocotte à fond épais. Ajouter le thon et le faire revenir 3 minutes de chaque côté. Réserver le poisson sur une assiette.

3 Verser dans la cocotte les oignons et l'ail. Les laisser dorer 2 minutes en remuant. Ajouter les tomates et les poivrons. Remuer, puis laisser mijoter 3 minutes.

4 Déposer le thon sur les légumes, saler et poivrer. Ajouter le thym, le laurier et les câpres, puis laisser mijoter 20 minutes à feu doux. Servir chaud ou froid, accompagné de riz.

■THON AU VIN BLANC

Coût : ★ Diff. : ■
Préparation : 15 min
Cuisson : 30 min

POUR 4 PERSONNES

550 g de thon blanc (1 ou 2
tranches)
2 cc de farine
150 g d'oignons
2 cc d'huile d'olive
1 verre de vin blanc sec (12,5 cl)
1 brin de thym
5 brins de persil
sel, poivre

LES PORTIONS

Pour 1 personne

30 Kcal

1 Éponger la tranche de thon, puis la saupoudrer de farine. Éplucher les oignons et les hacher pas trop fin.

2 Faire chauffer l'huile dans une cocotte à fond épais. Ajouter le thon, le faire revenir 3 minutes sur chaque face, à feu vif. Retirer le poisson de la cocotte, le réserver sur une assiette.

3 Verser les oignons dans la cocotte sans la rincer. Mouiller avec 2 cuillères d'eau et laisser mijoter 5 minutes, en remuant.

4 Déposer le poisson sur le lit d'oignons, verser le vin blanc, saler, poivrer et ajouter le thym. Couvrir la cocotte et laisser mijoter 20 minutes à feu doux. Servir bien chaud, saupoudré de persil haché. Accompagner de pommes vapeur.

TOMATES FARCIES AU POISSON

1 Découper la partie supérieure des tomates. Creuser l'intérieur à l'aide d'une petite cuillère. Saler l'intérieur des tomates, puis les disposer à l'envers, sur une passoire, pour qu'elles dégorgent.
Réserver la chair des tomates, en ôtant les graines et en pressant pour éliminer le surplus de jus. Préchauffer le four th.6 (180 °C).

2 Couper les filets de poisson en gros dés et les verser dans le bol du mixeur. Ajouter le pain de mie grossièrement émietté, les échalotes épluchées, le persil lavé et séché, ainsi que la chair des tomates. Saler, poivrer, puis mixer finement l'ensemble.

3 Rincer et éponger les tomates. Les farcir avec le mélange au poisson. Fermer les tomates avec leur chapeau et les disposer dans un plat allant au four.
Arroser d'huile, ajouter deux cuillères d'eau et faire cuire à four chaud 35 minutes. Ajouter un peu d'eau, si besoin, pendant la cuisson.

4 Pendant que les tomates cuisent, porter à ébullition 1 litre d'eau salée. Ajouter le riz et faire cuire 12 minutes à petite ébullition. Égoutter le riz et le disposer dans le plat contenant les tomates. Servir l'ensemble bien chaud.

Coût : ★ Diff. : ■
Préparation : 25 min
Cuisson : 50 min

POUR 4 PERSONNES

8 tomates moyennes (1,1 kg)
700 g de filets de lieu, de merlan ou de cabillaud
2 tranches de pain de mie (60 g)
100 g d'échalotes
2 gousses d'ail
5 brins de persil
2 cc d'huile d'olive
160 g de riz basmati
sel, poivre

LES PORTIONS

Pour 1 personne

■TRUITES À LA CRÈME

Coût : ★ Diff. : ■
Préparation : 15 min
Cuisson : 10 min

POUR 4 PERSONNES

4 truites (4 x 300 g)
2 cc de margarine
1/2 citron
10 brins de persil
4 cs rases de crème allégée
sel, poivre

LES PORTIONS

Pour 1 personne

⬤ 🅜🅖

15 Kcal

1 Vider les truites sans retirer les têtes. Les laver et les essuyer. Saler et poivrer l'intérieur.

2 Faire fondre la margarine dans une large poêle antiadhésive. Ajouter les truites, les faire cuire à feu doux 5 minutes sur chaque face.

3 Pendant la cuisson des truites, presser le demi-citron, laver le persil et le hacher.

4 Quand les poissons sont cuits, saler et poivrer légè-rement, puis les faire glisser sur un plat chaud. Ajouter la crème dans la poêle, porter à ébullition. Retirer du feu, ajouter le jus de citron et le persil et verser aussi-tôt sur les truites. Servir rapidement, avec une belle salade de cresson.

■TRUITES À LA VAPEUR AU GINGEMBRE

1 Éplucher le gingembre et en couper la moitié en lamelles fines. Hacher le reste avec les gousses d'ail.

2 Presser 2 citrons verts. Mélanger le gingembre haché, l'ail haché, le jus de citron vert, le nuoc-mâm et l'huile.

Coût : ★ ★ Diff. : ■
Préparation : 15 min
Cuisson : 15 min

POUR 4 PERSONNES

4 truites (4 x 300 g)
1 morceau de gingembre
d'environ 5 cm
2 gousses d'ail
3 citrons verts
1 cc de nuoc-mâm
4 cc d'huile d'arachide
6 oignons nouveaux

LES PORTIONS

Pour 1 personne

⬤ 🅜🅖

3 Émincer finement les oignons nouveaux. Les placer dans le fond du panier de l'autocuiseur. Ajouter la moitié des lamelles de gingembre.

4 Remplir les truites de la moitié du hachis ail-gin-gembre. Les mettre dans le panier de l'autocuiseur. Les recouvrir de l'autre moitié du hachis ail-gingembre et des lamelles de gingembre.

5 Couvrir et faire cuire pendant 15 minutes à la vapeur.

6 Pour servir, présenter les truites avec les quartiers du troisième citron vert.

■ FILETS DE TURBOT AU COULIS D'ÉPINARD

Coût : ★ ★ ★ Diff. : ■
Préparation : 10 min
Cuisson : 35 min

POUR 4 PERSONNES

600 g de pommes de terre
4 filets de turbot (4 x 140 g)
600 g d'épinards surgelés
10 cl de crème fraîche allégée
(16 cc)
2 cc de margarine
2 cc d'huile d'olive
1 citron
1 gousse d'ail
sel, poivre

LES PORTIONS

Pour 1 personne
🅑

MG 🔵 🔵
20 Kcal

1 Éplucher les pommes de terre et les faire cuire 20 minutes dans le panier d'un autocuiseur.

2 Mettre chaque filet de turbot sur une feuille d'aluminium. Saler, poivrer. Arroser du jus de citron et de l'huile d'olive.

3 Fermer des papillotes. Les poser sur les pommes de terre et faire cuire 15 minutes.

4 Faire étuver doucement les épinards dans une sauteuse antiadhésive avec la margarine, l'ail écrasé, du sel et du poivre, pendant 3 à 4 minutes.

5 Mixer. Ajouter la crème fraîche. Laisser cuire à feu doux 5 minutes pour épaissir le mélange.

6 Répartir le coulis d'épinard dans les assiettes. Disposer les filets de turbot et les pommes de terre.

ZARZUELA CATALANE

1 Faire écailler et vider les rougets et peler la lotte par le poissonnier.

2 Couper la lotte en gros morceaux. Nettoyer et laver les moules et les coques dans une passoire.

3 Peler l'ail et l'oignon, épépiner le poivron. Hacher le tout. Cuire le hachis dans une sauteuse anti-adhésive. Ajouter la pulpe de tomate, la poudre d'amandes, le laurier, le safran, le citron, le sel et le poivre.

4 Saler et poivrer la farine, y rouler les poissons. Faire chauffer l'huile dans une poêle et faire dorer rapidement les poissons sur les 2 faces. Les ôter. Dorer brièvement les gambas.

5 Rincer la sauteuse, chauffer le vin blanc puis, à l'ébullition, ajouter les moules et les coques. Couvrir. Dès que les coquillages sont ouverts, ôter du feu. Verser le jus dans la préparation oignon, ail, tomates, amandes, etc.

6 Étaler la moitié de cette préparation dans un plat à four antiadhésif.

7 Serrer les poissons et les gambas dessus. Ajouter les coques et les moules, puis le reste de la sauce. Cuire 10 minutes environ au four préchauffé th. 6 (200 °C).

Coût : ★ ★ Diff. : ■ ■
Préparation : 15 à 20 min
Cuisson : 15 à 20 min

POUR 4 PERSONNES

350 g de poissons (rouget, colin et lotte)
4 gambas (240 g)
1/4 de l de moules ⎫ 500 g
1/4 de l de coques ⎭
500 g de pulpe de tomate
3 oignons
3 gousses d'ail
1 poivron rouge
20 g de poudre d'amandes
1 feuille de laurier
1 citron
1 dose de safran
4 cc d'huile d'olive
12,5 cl de vin blanc sec
2 cs de farine
sel, poivre

LES PORTIONS

Pour 1 personne

● MG

55 Kcal

■ CURRY D'AGNEAU AU COCO

1 Couper le gigot en gros dés. Éplucher et émincer les oignons et l'ail. Éplucher les pommes et les couper en dés. Concasser les tomates.

2 Faire chauffer une cocotte en fonte émaillée. Déposer la viande dedans et la faire dorer à feu moyen, en remuant, pendant 5 minutes. Ajouter les oignons et l'ail et faire revenir encore 5 minutes.

3 Verser les tomates, les dés de pommes, les raisins, le curry et le lait de coco. Saler, poivrer puis couvrir. Laisser mijoter 40 minutes à feu très doux. Servir chaud, accompagné de riz basmati.

Coût : ★ ★ Diff. : ■
Préparation : 20 min
Cuisson : 50 min

POUR 4 PERSONNES

480 g de gigot d'agneau
100 g d'oignons
2 gousses d'ail
100 g de pommes
200 g de tomates pelées en conserve
30 g de raisins secs
3 cc de curry
100 g de lait de coco
sel, poivre

LES PORTIONS

Pour 1 personne

● ◐ + 5 Kcal

■GIGOT D'AGNEAU MARINÉ AUX HERBES

Coût : ★ ★ Diff. : ■
Préparation : 10 min
(+2 h d'attente)
Cuisson : 10 min

POUR 4 PERSONNES

4 tranches de gigot d'agneau
(4 x 120 g)
1 brin de thym
1 brin d'estragon
3 feuilles de sauge
4 feuilles de menthe
1 citron
1 cc de tabasco (piment)
sel

LES PORTIONS

Pour 1 personne

● ◑

1 Aplatir les tranches de gigot et les étaler sur un grand plat, ou sur des assiettes.

2 Effeuiller le thym, hacher l'estragon, la menthe et la sauge. Verser les herbes dans un petit bol. Ajouter le jus du citron et le tabasco.

3 Badigeonner les tranches de viande avec le mélange sur les deux faces. Couvrir de film étirable et laisser reposer au moins 2 heures au frais.

4 Au moment du repas, faire cuire la viande au gril ou au barbecue et saler en fin de cuisson. Compter 3 à 5 minutes par face selon les goûts. Servir avec des pommes de terre vapeur ou cuites sous la cendre, arrosées de crème fraîche allégée.

ROGNONS D'AGNEAU AUX FLAGEOLETS

1 Détailler les rognons en petits dés ou les émincer en fines lamelles. Éplucher et émincer les oignons. Rincer les flageolets sous l'eau fraîche et les égoutter. Couper les champignons en 4, après avoir ôté leur pied sableux. Hacher l'ail et le persil.

2 Faire chauffer une poêle antiadhésive. Déposer les rognons et les faire sauter 3 minutes à feu vif en remuant. Réserver sur une assiette.

3 Verser les oignons et les champignons dans la poêle, mouiller avec 2 cuillères d'eau et laisser mijoter 10 minutes à feu moyen, en remuant. Ajouter le fond de veau et les flageolets. Laisser mijoter encore 5 minutes.

Coût : ★ ★ Diff. : ■
Préparation : 20 min
Cuisson : 20 min
POUR 4 PERSONNES
320 g de rognons d'agneau
100 g d'oignons blancs
200 g de champignons de Paris
480 g de flageolets cuits (en conserve ou sous vide)
1 cc de fond de veau
2 gousses d'ail
5 brins de persil frisé
sel, poivre
LES PORTIONS
Pour 1 personne
● ●
5 Kcal

4 Remettre la viande dans la poêle et laisser chauffer 3 minutes. Rectifier l'assaisonnement, saupoudrer d'ail et de persil et servir chaud.

TAJINE D'AGNEAU AU MIEL

1 Couper le gigot en gros dés. Éplucher et émincer les oignons. Rincer les raisins à l'eau tiède. Préchauffer le four th. 6 (180 °C).

Coût : ★ ★ Diff. : ■
Préparation : 15 min
Cuisson : 50 min
POUR 4 PERSONNES
450 g de gigot d'agneau
300 g d'oignons
60 g de raisins secs
2 cc d'huile d'olive
4 cc de miel
1 brin de thym
sel, poivre
LES PORTIONS
Pour 1 personne
🍖
🍯
● ◗ + 20 Kcal

2 Faire chauffer l'huile dans une cocotte en fonte allant au four. Ajouter la viande et la faire dorer à feu vif sur toutes ses faces pendant 5 minutes. La réserver sur une assiette.

3 Verser les oignons dans la cocotte et les laisser fondre à feu doux 10 minutes, en remuant de temps en temps. Ajouter le miel, saler et poivrer. Remettre la viande dans la cocotte. Ajouter le thym et les raisins. Mélanger et couvrir hermétiquement.

4 Faire cuire 35 minutes au four. Servir très chaud, accompagné de semoule de couscous.

■ BŒUF SAUCE PIQUANTE

1 Couper la viande en dés. Émincer les oignons et l'ail, égoutter les tomates et les concasser. Couper les cornichons en fines tranches. Effeuiller l'estragon. Laver, éponger, puis hacher le persil.

2 Faire chauffer l'huile dans une petite poêle antiadhésive. Ajouter la viande, la faire revenir à feu moyen 5 minutes en remuant. La réserver ensuite sur une assiette.

3 Verser les oignons et l'ail dans la poêle. Laisser dorer 5 minutes. Ajouter les tomates, l'estragon et les cornichons. Saler, poivrer, puis faire réduire à feu vif 5 minutes.

4 Baisser le feu, mettre la viande dans la sauce et laisser chauffer sans faire bouillir, sinon la viande durcit. Saupoudrer de persil ciselé et servir rapidement.
Accompagner d'une salade romaine bien relevée.

Coût : ★ Diff. : ■
Préparation : 15 min
Cuisson : 15 min

POUR 4 PERSONNES

480 g de bœuf cuit (restes de rôti)
100 g d'oignons nouveaux
1 gousse d'ail
150 g de tomates pelées
50 g de cornichons au vinaigre
1 brin d'estragon
5 brins de persil
2 cc d'huile de tournesol
sel, poivre

LES PORTIONS

Pour 1 personne

● ● ●

Coût : ★ Diff. : ■
Préparation : 40 min
(+ 12 h d'attente)
Cuisson : 1 h (minimum)

POUR 6 PERSONNES

600 g de bœuf maigre à braiser
(macreuse, par exemple)

Marinade :
50 g de poitrine fumée (non
consommée)
1 carotte (non consommée)
1 oignon (non consommée)
1 petite branche de céleri (non
consommée)
1 gousse d'ail
1 bouquet garni
1 clou de girofle
2 verres de vin rouge corsé (25 cl)

Sauce :
150 g d'oignons
2 gousses d'ail
100 g de carottes
200 g de tomates pelées
60 g de jambon cru
2 cc d'huile d'olive
1 citron non traité
1 brin de thym
1 feuille de laurier
40 g d'olives vertes dénoyautées
(120 Kcal/ 100 g)
sel, poivre

LES PORTIONS

Pour 1 personne

MG
● ◐ + 70 Kcal

DAUBE
À LA PROVENÇALE

1 La veille, préparer la marinade. Couper la viande en 12 morceaux. Ôter le gras, si besoin. Disposer la viande dans une terrine vernissée (ou dans un saladier). Ajouter la poitrine fumée coupée en dés, la carotte, l'oignon et le céleri épluchés et coupés en gros morceaux. Assaisonner avec l'ail écrasé, le bouquet garni et le clou de girofle (le piquer dans un morceau de carotte pour le retrouver ensuite). Mouiller avec le vin, poivrer puis laisser reposer au frais pendant 12 heures.

2 Le lendemain, faire cuire la daube. Égoutter la viande soigneusement. Filtrer la marinade et réserver.

3 Éplucher l'oignon et l'ail, ainsi que la carotte, puis les émincer. Égoutter les tomates et les concasser. Couper le jambon en très petits dés.

4 Faire chauffer l'huile dans une cocotte à fond épais. Ajouter la viande, la faire revenir à feu vif 5 minutes, en remuant. Ajouter les oignons, l'ail, les carottes et le jambon. Faire dorer encore 5 minutes. Mouiller avec la marinade et un demi-verre d'eau chaude. Ajouter les tomates. Remuer, puis ajouter les aromates : thym, laurier, 2 morceaux de zeste de citron, sel et poivre. Couvrir et laisser cuire 30 minutes à petit feu. Ajouter les olives et laisser mijoter encore 20 minutes. Plus la daube est cuite, meilleure elle est. On peut donc la réchauffer plusieurs fois. Servir avec des pommes vapeur.

■ ÉMINCÉ DE BŒUF AU PAPRIKA

1 Couper la viande en tranches d'un centimètre
d'épaisseur, puis en dés. Éplucher et émincer l'ail
ainsi que les oignons. Égoutter les tomates et les
concasser.

2 Faire chauffer l'huile dans une poêle antiadhésive.
Ajouter les morceaux de viande, les saisir à feu vif
pendant 3 minutes, en remuant. Réserver ensuite sur
une assiette.

3 Ajouter dans la poêle, sans la laver, les oignons et
l'ail, laisser dorer 5 minutes à feu moyen, en
remuant. Verser les tomates, saler et poivrer, saupoudrer de paprika. Laisser mijoter à feu doux 10 minutes.

4 Laver le persil, puis le hacher.

5 Remettre la viande dans la poêle, avec le jus qu'elle a rendu, et laisser réchauffer doucement 5 minutes. Saupoudrer de persil et servir accompagné de riz
pilaf ou de tomates à la provençale.

Coût : ★ ★ Diff. : ■
Préparation : 20 min
Cuisson : 25 min
POUR 4 PERSONNES
480 g de bœuf (tranche ou rôti)
100 g d'oignons
1 gousse d'ail
200 g de tomates pelées
2 cc d'huile de tournesol
1 cc de paprika
5 brins de persil frisé
sel, poivre
LES PORTIONS
Pour 1 personne
◉ ① 🍔

■ RÔTI FORESTIÈRE

1 Ficeler le rôti pour qu'il ne se déforme pas pendant
la cuisson. Essuyer les girolles, ôter l'extrémité du
pied, puis les couper si elles sont grosses. Sinon, les
laisser entières. Éplucher et émincer l'échalote. Couper
le jambon en petits dés.

2 Faire chauffer l'huile dans une cocotte à fond
épais. Déposer le rôti dans la cocotte et le faire
dorer sur toutes ses faces 10 minutes à feu vif. Le disposer ensuite sur un plat, le couvrir d'une feuille de
papier aluminium et le laisser en attente.

3 Verser les échalotes et le jambon dans la cocotte.
Laisser dorer à feu très doux 5 minutes en remuant.
Ajouter les champignons. Ménager une place au milieu
de la cocotte et y installer le rôti. Saler et poivrer.

Coût : ★ ★ ★ Diff. : ■
Préparation : 20 min
Cuisson : 30 à 45 min
POUR 4 PERSONNES
650 g de rôti de bœuf non bardé
400 g de girolles (ou autres champignons)
50 g d'échalotes
60 g de jambon cru
2 cc d'huile de tournesol
3 cs rases de crème fraîche
sel, poivre
LES PORTIONS
Pour 1 personne
🍔
◉ ◉ 🍔
① + 25 Kcal

4 Couvrir et, en surveillant, faire cuire à feu moyen de 15 minutes (viande saignante) à 30 minutes (viande rosée). Au moment de servir, lier la sauce avec la crème fraîche. Accompagner de pommes vapeur, de purée ou de pâtes fraîches.

■TOURNEDOS MARCHAND DE VIN

1 Ôter la barde des tournedos, puis les ficeler pour éviter qu'ils ne se déforment pendant la cuisson. Éplucher et émincer l'échalote. Couper le jambon en très petits morceaux.

Coût : ★ ★ Diff. : ■
Préparation : 10 min
Cuisson : 10 à 15 min

POUR 4 PERSONNES

4 tournedos de 150 g
50 g d'échalotes
60 g de jambon fumé
2 cc de margarine
1 cc de Maïzena
1 verre de vin rouge
1 brin de thym
sel, poivre

LES PORTIONS

Pour 1 personne

● ● 🍖

◑ + 30 Kcal

2 Faire fondre la margarine dans une large poêle antiadhésive. Déposer la viande dans la poêle chaude, la saisir 2 à 4 minutes sur chaque face. Réserver la viande entre 2 assiettes chaudes.

3 Verser dans la poêle les échalotes et le jambon, saupoudrer de Maïzena et remuer. Mouiller avec le vin, saler, poivrer, ajouter le thym. Porter à ébullition et laisser réduire 5 minutes à feu vif.

4 Remettre la viande dans la poêle, laisser chauffer 2 minutes et servir aussitôt.
Accompagner d'une purée de carottes ou de céleri, ou de pommes vapeur.

■ CAILLES À L'ANANAS

1 Saler et poivrer l'intérieur des cailles. Couper l'ananas en petits dés. Éplucher et émincer l'échalote.

2 Faire fondre la margarine dans une cocotte à fond épais. Ajouter les cailles, les faire revenir 10 minutes, en les retournant plusieurs fois. Verser le rhum et flamber.

3 Ajouter les dés d'ananas, le jus de citron et le sucre. Saler légèrement et poivrer. Couvrir et laisser mijoter 20 minutes à feu doux. Lorsque les cailles sont cuites, faire réduire, si besoin, la sauce à feu vif.

4 Servir les cailles très chaudes, avec du riz créole et la sauce à part.

Coût : ★ ★ Diff. : ■
Préparation : 15 min
Cuisson : 30 min

POUR 4 PERSONNES

8 cailles (8 x 130 g)
200 g d'ananas frais
50 g d'échalotes
2 cc de margarine
4 cc de rhum blanc
2 cs de jus de citron
2 cc de sucre
sel, poivre

LES PORTIONS

Pour 1 personne

15 Kcal

■ CAILLES AUX CERISES EN COROLLES

1 Préchauffer le four th. 7 (210 °C). Dénoyauter la moitié des cerises et les glisser à l'intérieur des cailles. Les ficeler, saler, poivrer.

2 Faire dorer les cailles 5 minutes dans 2 cuillères à café de margarine, puis les réserver. Déglacer le jus de cuisson avec le vinaigre et 20 cl d'eau. Faire bouillir 5 minutes.

3 Remettre les cailles. Couvrir et laisser cuire 20 minutes. Ajouter les cerises restantes. Poursuivre la cuisson 5 minutes environ.

Coût : ★ ★ ★ Diff. : ■
Préparation : 20 min
Cuisson : 30 min

POUR 4 PERSONNES

400 g de bigarreaux
4 cailles (4 x 130 g)
sel, poivre
6 cc margarine
2 cs de vinaigre balsamique
20 cl d'eau
8 feuilles de brick

LES PORTIONS

Pour 1 personne

4 Superposer les feuilles de brick 2 par 2. Les déposer dans 4 ramequins graissés avec 1 cuillère à café de margarine. Laisser dépasser légèrement en coupant le surplus. Enfourner 6 minutes.

5 Mettre une caille dans chaque corolle de pâte. Répartir les cerises dessus. Saler et poivrer le jus de cuisson et y incorporer le reste de la margarine hors du feu. Verser sur les cailles et servir.

On peut remplacer le vinaigre balsamique par 4 cc de porto (comptabiliser 5 Kcal en plus).

■AIGUILLETTES DE CANARD AU SIROP D'ÉRABLE

Coût : ★ ★ ★ Diff. : ■
Préparation : 15 min
Cuisson : 8 min

POUR 4 PERSONNES

4 cc d'huile d'olive
2 cs de sauce soja
4 cc de sirop d'érable
poivre
1 gousse d'ail
450 g d'aiguillettes de canard

LES PORTIONS

Pour 1 personne
MG

● ◑ + 20 Kcal

1 Mélanger dans un plat creux l'huile d'olive, la sauce soja, le sirop d'érable et 4 cuillères à soupe d'eau. Poivrer, puis ajouter l'ail coupé en petits morceaux.

2 Mettre les aiguillettes et les laisser macérer environ 15 minutes. Faire cuire les aiguillettes égouttées dans une poêle antiadhésive, les faire saisir rapidement sur les 2 faces. Les retirer de la poêle et verser la marinade à la place.

3 La faire bouillonner jusqu'à ce qu'elle caramélise légèrement. Remettre les aiguillettes et servir avec une purée de céleri.

■COQUELET À LA DIABLE

Coût : ★ Diff. : ■
Préparation : 15 min
Cuisson : 30 min

POUR 4 PERSONNES

2 coquelets (2 x 600 g)
4 cs de moutarde de Dijon
2 cs de vin blanc
50 g de fromage blanc 20 %
tabasco
1 gousse d'ail
1 pincée de gingembre
en poudre
sel, poivre

LES PORTIONS

Pour 1 personne
● ◑
15 Kcal

1 Préchauffer le four th. 7 (210 °C). Ouvrir les coquelets, à l'aide d'une paire de ciseaux, en suivant l'os situé sur la poitrine (entre les deux blancs). Les étaler sur le plan de travail et les aplatir.

2 Mélanger dans un bol la moutarde, le vin, le fromage blanc. Ajouter quelques gouttes de tabasco, l'ail émincé et le gingembre. Saler, poivrer, puis badigeonner les coquelets avec ce mélange, sur les 2 faces.

3 Disposer les coquelets dans un grand plat. Faire cuire à four assez chaud, pendant 30 minutes, en retournant à mi-cuisson. Servir chaud, accompagné de haricots verts vapeur ou de pousses de soja.

■COQUELET AUX HERBES

Coût : ★ Diff. : ■
Préparation : 20 min
(Marinade : 30 min)
Cuisson : 30 min

POUR 4 PERSONNES

2 petits coquelets
 (environ 2 x 400 g)
1 grosse cs de thym
10 feuilles de sauge
2 gousses d'ail
4 cc d'huile d'olive
250 g d'échalotes
sel, poivre
20 cl de vin blanc sec
2 cc de fond de volaille
4 cc de concentré de tomate

LES PORTIONS

Pour 1 personne
◉ MG
55 Kcal

1 Couper les coquelets en 2. Hacher le thym, la sauge et l'ail. Mélanger les 4 cuillères à café d'huile et laisser mariner pendant 30 minutes.

2 Après ce temps de marinade, verser le tout dans une cocotte et faire légèrement revenir les morceaux de coquelet de chaque côté à feu moyen.

3 Peler les échalotes. Ôter les coquelets et faire revenir les échalotes 5 minutes en remuant de temps en temps.

4 Remettre les morceaux de coquelet. Saler, poivrer, verser le vin ainsi que 20 cl d'eau. Ajouter le concentré de tomate et le fond de volaille. Mélanger, couvrir et faire mijoter 25 à 30 minutes à feu doux.

5 Servir chaud, accompagné de petites pommes de terre (ratte ou roseval).

■ AIGUILLETTES DE DINDE AU CÉLERI

1 Émincer les escalopes de dinde en aiguillettes. Laver les légumes. Émincer le céleri et les oignons. Couper les tomates en dés.

2 Faire chauffer l'huile dans une large poêle antiadhésive ou dans un *wok* chinois. Ajouter la viande, la faire revenir 5 minutes, en remuant. Réserver sur une assiette. Ajouter dans la poêle les oignons et le céleri. Faire revenir 5 minutes à feu vif.

3 Baisser le feu et ajouter les tomates. Saler, poivrer, saupoudrer d'herbes de Provence et laisser mijoter 5 minutes. Remettre la viande dans la poêle et laisser cuire 5 minutes. Servir chaud, mais encore croquant.

Coût : ★ Diff. : ■
Préparation : 20 min
Cuisson : 20 min

POUR 4 PERSONNES

4 escalopes de dinde (4 x 130g)
4 cœurs de céleri (500 g)
100 g d'oignons
2 tomates (300 g)
2 cc d'huile d'olive
1 cc d'herbes de Provence
sel, poivre

LES PORTIONS

Pour 1 personne

■DINDE EN GIBELOTTE

Coût : ★ Diff. : ■
Préparation : 20 min
Cuisson : 30 min

POUR 4 PERSONNES

520 g de viande de dinde sans
os (cuisse, filet...)
100 g d'échalotes
500 g de champignons de Paris
60 g de jambon cru dégraissé
2 cc de margarine
1/2 verre de vin blanc
1 brin de thym
2 cs rases de crème fraîche
sel, poivre

LES PORTIONS

Pour 1 personne

● + 30 Kcal

1 Couper la viande en cubes. Éplucher et émincer les échalotes. Laver les champignons, ôter leur pied sableux, puis les couper en 4. Émincer le jambon.

2 Faire chauffer la margarine dans une cocotte à fond épais. Ajouter la viande et la faire revenir 5 minutes à feu moyen, en remuant. Réserver sur une assiette.

3 Verser dans la cocotte les échalotes, le jambon et les champignons. Faire fondre 15 minutes à feu doux, en remuant de temps en temps. Ajouter la viande et mouiller avec le vin. Saler, poivrer puis ajouter le thym. Couvrir et laisser mijoter 10 minutes à feu doux.

4 Rectifier l'assaisonnement, puis verser la crème. Porter à ébullition et servir, accompagné de pâtes fraîches et/ou de légumes verts.

■ESCALOPE DE DINDE EN PAPILLOTE

Coût : ★ Diff. : ■
Préparation : 15 min
Cuisson : 30 min

POUR 4 PERSONNES

4 escalopes de dinde (4 x 130 g)
100 g de fromage blanc à 0 %
2 cc de moutarde de Meaux
2 cc de moutarde de Dijon
1 cc de Maïzena
2 brins de thym
2 cc de baies roses
sel, poivre
papier sulfurisé

LES PORTIONS

Pour 1 personne

15 Kcal

1 Préchauffer le four th. 6 (180 °C).
Faire chauffer une poêle antiadhésive ou un gril. Déposer les escalopes et les saisir 1 minute sur chaque face. Réserver sur une assiette.

2 Battre le fromage blanc, la Maïzena et les moutardes dans un petit bol. Saler, poivrer, ajouter les baies roses moulues.

3 Découper 4 rectangles de papier sulfurisé de 20 x 30 cm environ. Déposer une escalope sur chaque feuille, puis répartir la sauce. Saupoudrer de thym. Fermer les papillotes en repliant le papier plusieurs fois sur lui-même.

4 Disposer les papillotes dans un grand plat (ou sur la lèchefrite) et faire cuire au four 25 minutes environ. Servir chaud.

Coût : ★ Diff. : ■
Préparation : 15 min
Cuisson : 15 min

POUR 4 PERSONNES

4 escalopes de dinde très fines
(4 x 130 g)
12 feuilles d'oseille
3/4 de barquette de fromage frais
allégé (type Saint-Moret) (90 g)
1 cc de margarine
2 cs de vin blanc
3 cs rases de crème fraîche
sel, poivre

LES PORTIONS

Pour 1 personne

● ●
30 Kcal

■ROULEAUX DE DINDE AUX HERBES

1 Étaler les escalopes sur le plan de travail. Les aplatir si elles sont trop épaisses.

2 Hacher l'oseille, puis la mélanger au fromage frais. Saler (pas trop) et bien poivrer.

3 Tartiner les escalopes avec la farce au fromage, puis les rouler sur elles-mêmes. Les maintenir avec des piques en bois ou de la ficelle de cuisine.

4 Faire fondre la margarine dans une poêle antiadhésive. Ajouter les rouleaux de viande et les faire dorer 5 minutes, en les retournant. Mouiller avec le vin blanc, et laisser évaporer 5 minutes à feu doux. Ajouter la crème, laisser cuire encore 5 minutes, puis servir.

TERRINE DE DINDE PERSILLÉE

Coût : ★ Diff. : ■
Préparation : 25 min
(+ 12 h au réfrigérateur)
Cuisson : 45 min

POUR 4 PERSONNES

1 belle cuisse de dinde
(750 g) ou 520 g d'escalope
1 carotte
3 échalotes
1 verre de vin blanc sec
1 gros bouquet de persil
2 brins de thym
1 feuille de laurier
1 cube de bouillon de volaille
3 feuilles de gélatine
poivre

LES PORTIONS

Pour 1 personne

30 Kcal

1 Ôter la peau de la dinde, ainsi que la graisse. Éplucher la carotte et les échalotes.
Laver le persil et en prélever le tiers. Attacher les brins du petit bouquet à l'aide de ficelle de cuisine.

2 Dans un autocuiseur, porter à ébullition le vin et 2 verres d'eau. Ajouter la dinde, la carotte, les échalotes, le bouquet de persil, le thym, le laurier et le bouillon. Poivrer, puis fermer l'autocuiseur. Faire cuire 35 minutes à feu doux, à partir du chuchotement de la soupape.

3 Pendant la cuisson de la viande, hacher grossièrement le reste du persil. Faire tremper les feuilles de gélatine dans un saladier rempli d'eau froide.

4 Lorsque la viande est cuite, la déposer sur une assiette. Filtrer le bouillon, le remettre dans l'autocuiseur et le laisser réduire à petit feu. Ajouter la gélatine essorée et mélanger.
Désosser la viande et ôter les parties cartilagineuses. La couper en morceaux, et la remettre à cuire 10 minutes à feu doux.

5 Verser la viande et le bouillon dans une terrine, ajouter le persil haché, mélanger et placer au froid pendant au moins 12 heures. Déguster frais, en tranches, accompagné d'une salade ou de pommes de terre vapeur.

■LAPIN AU FENOUIL

Coût : ★ Diff. : ■
Préparation : 20 min
Cuisson : 40 min

POUR 4 PERSONNES

4 cuisses de lapin (4 x 150 g)
600 g de fenouil
100 g d'oignons
1 gousse d'ail
200 g de tomates
2 cc d'huile d'olive
1 cc d'herbes de Provence
sel, poivre

LES PORTIONS

Pour 1 personne
🌕

⚪ 🌗 🅼🅶

1 Éponger les cuisses de lapin avec du papier absorbant. Laver les bulbes de fenouil, ôter les petites feuilles. Couper le fenouil en 2 dans le sens de la longueur, puis l'émincer dans l'autre sens. Éplucher l'oignon et l'ail, puis les émincer également. Laver les tomates, les couper en quartiers et ôter les graines.

2 Faire chauffer l'huile dans une cocotte à fond épais. Ajouter les cuisses de lapin et les faire dorer 5 minutes à feu vif, en les retournant une fois.

3 Ajouter les oignons, l'ail et le fenouil dans la cocotte. Laisser revenir encore 5 minutes, en remuant. Ajouter les tomates, saler et poivrer puis saupoudrer d'herbes de Provence.

4 Couvrir et laisser mijoter 30 minutes à feu doux. En fin de cuisson, si le jus de cuisson est trop abondant, retirer la viande et faire réduire quelques minutes à feu vif. Servir chaud.

Coût : ★ ★ Diff. : ■
Préparation : 20 min
Cuisson : 35 min

POUR 4 PERSONNES

4 râbles de lapin (4 x 140 g)
50 g d'échalotes
300 g de champignons de Paris
2 cc d'huile de tournesol
4 cs de moutarde de Dijon
2 cs de vin blanc sec
1 brin de thym
2 cs rases de crème fraîche
allégée
sel, poivre

LES PORTIONS

Pour 1 personne
🌗

🅼🅶

🌑 🌗 +15 Kcal

■LAPIN À LA MOUTARDE

1 Essuyer les râbles de lapin à l'aide de papier absorbant. Éplucher et émincer l'échalote. Rincer les champignons, ôter leur pied sableux et les émincer.

2 Faire chauffer l'huile dans une cocotte à fond épais. Ajouter les râbles de lapin. Les faire revenir 5 minutes à feu vif, en les retournant une fois. Verser les échalotes et les champignons, remuer et laisser dorer encore 5 minutes.

3 Ajouter la moutarde, le vin blanc et le thym. Saler et poivrer, couvrir et laisser mijoter 25 minutes à feu doux.

4 Au moment de servir, lier la sauce avec la crème. Accompagner de pommes vapeur ou de pâtes fraîches.

■LAPIN AUX PRUNEAUX

Coût : ★ Diff. : ■
Préparation : 20 min
Cuisson : 40 min

POUR 4 PERSONNES

4 cuisses de lapin (4 x 150 g)
12 pruneaux dénoyautés
50 g d'échalotes
2 cc de margarine
2 cs de vin blanc sec
50 g de fromage blanc à 0 %
sel, poivre

LES PORTIONS

Pour 1 personne

15 Kcal

1 Inciser chaque cuisse de lapin dans le sens de la longueur et ôter délicatement les 2 os. Saler et poivrer l'intérieur. Disposer ensuite les pruneaux à la place des os et refermer les cuisses à l'aide de ficelle de cuisine ou de piques en bois. Éplucher et émincer les échalotes.

2 Faire chauffer la margarine dans une cocotte à fond épais. Ajouter les cuisses de lapin et les faire dorer 5 minutes à feu vif. Baisser le feu et ajouter les échalotes. Laisser revenir à feu doux quelques minutes en remuant.

3 Mouiller avec le vin blanc, saler et poivrer légèrement, couvrir et laisser mijoter 30 minutes à feu doux. Ajouter un peu d'eau en cours de cuisson, si besoin.

4 Quand le lapin est cuit, retirer la cocotte du feu et lier le jus de cuisson avec le fromage blanc. Servir aussitôt, avec du riz créole et/ou des épinards.

Coût : ★ ★ Diff. : ■
Préparation : 15 min
Cuisson : 55 min

POUR 4 PERSONNES

1 petite pintade (900 g à 1 kg)
1 brin de romarin
1 gousse d'ail
2 cc de margarine
2 cc d'huile
2 oignons
4 pommes de 100 g chacune
8 cc de calvados
cannelle
sel, poivre

LES PORTIONS

Pour 1 personne

10 Kcal

■PINTADE RÔTIE AUX OIGNONS

1 Préchauffer le four th. 6 (180 °C). Saler et poivrer l'intérieur et l'extérieur de la pintade. Placer à l'intérieur le brin de romarin, la gousse d'ail épluchée et la margarine.

2 Badigeonner la pintade avec l'huile. La poser dans un plat à four, le dos au-dessus.

3 Éplucher les oignons, les couper en 2 et les disposer autour de la pintade. Ajouter un peu d'eau. Saler, poivrer, couvrir d'une feuille d'aluminium et faire cuire 35 minutes.

4 Peler les pommes. Les couper en 2, enlever le cœur et les pépins. Les disposer dans le plat et arroser avec le calvados. Saupoudrer de cannelle.

5 Remettre au four 20 minutes, en arrosant régulièrement avec le jus de cuisson.

6 Lorsque la pintade est cuite, la sortir du four, la couper et déglacer le jus de cuisson avec un peu d'eau.

7 Disposer la pintade, les pommes et les oignons sur le plat de service et déguster.

Pour éviter que la chair de la pintade ne se dessèche, mettre dans le four, à côté du plat de cuisson, un ramequin rempli d'eau.

■ SUPRÊME DE PINTADEAU AU POIVRE VERT

Coût : ★ ★ ★ Diff. : ■
Préparation : 15 min
Cuisson : 25 min

POUR 4 PERSONNES

sel, poivre
4 blancs (suprêmes) de
pintadeau (4 x 130 g)
4 cc de margarine
3 cl de pineau des Charentes
blanc
10 cl de crème fraîche allégée
1 cs de poivre vert

LES PORTIONS

Pour 1 personne

MG ⬤

45 Kcal

1 Saler et poivrer les blancs de pintadeau. Les cuire à la poêle dans la margarine : faire colorer le côté peau, les retourner et les cuire 20 minutes à couvert sur feu doux. Les réserver au chaud.

2 Dégraisser la poêle, la déglacer avec le pineau, ajouter la crème fraîche, puis le poivre vert, écrasé à la fourchette.

3 Servir les suprêmes de pintadeau nappés de sauce et accompagnés de chou étuvé.

On peut remplacer le pineau par du whisky.

163

■FILET MIGNON À LA BIÈRE BRUNE

Coût : ★ ★ Diff. : ■
Préparation : 20 min
Cuisson : 40 min

POUR 4 PERSONNES

480 g de filet mignon de porc
100 g d'oignons
400 g de carottes
400 g de pommes de terre
2 cc d'huile
2 cs de persil haché
1 brin de thym
1 feuille de laurier
1 cube de bouillon dégraissé
25 cl de bière brune
1 cc de Maïzena
sel, poivre

LES PORTIONS

Pour 1 personne

30 Kcal

1 Couper la viande en 8 morceaux. Laver et éplucher les pommes de terre et les carottes. Éplucher l'oignon et l'émincer finement. Couper les pommes de terre en gros cubes et les carottes en rondelles.

2 Faire chauffer l'huile dans une cocotte en fonte. Ajouter la viande, la faire revenir 5 minutes sur toutes ses faces, en remuant. Ôter la viande, verser les oignons dans la cocotte. Diminuer le feu et laisser fondre les oignons 5 minutes, en remuant.

3 Remettre la viande, ajouter les carottes et les pommes de terre. Saler, poivrer, ajouter le bouillon en cube, le persil, le thym, le laurier, puis mouiller avec la bière. Couvrir et laisser mijoter 30 minutes à feu très doux.

4 En fin de cuisson, prélever une petite tasse de jus et le laisser tiédir. Incorporer la Maïzena, puis verser le mélange jus-Maïzena dans la cocotte. Porter à ébullition en remuant, puis servir.

Comme tous les plats en sauce, le filet à la bière est encore meilleur préparé la veille et réchauffé.

FILET MIGNON
DE PORC AUX FIGUES

1 Débarrasser le filet mignon du gras qui l'entoure si nécessaire. Rincer les figues sous l'eau fraîche. Les couper en 4.

2 Ouvrir le filet mignon sur le côté et jusqu'au centre. Saler et poivrer l'intérieur. Disposer dedans la moitié des figues. Refermer le rôti et le ficeler solidement.

3 Faire fondre la margarine dans une cocotte à fond épais. Ajouter le filet et le faire revenir sur toutes ses faces à feu vif, pendant 10 minutes. Baisser le feu, ajouter le vin blanc et les épices. Saler et poivrer légèrement.
Couvrir et laisser cuire 10 minutes.

Coût : ★ ★   Diff. : ■
Préparation : 10 min
Cuisson : 40 min

POUR 4 PERSONNES

480 g de filet mignon de porc
8 figues fraîches bien mûres
2 cc de margarine
12, 5 cl de vin blanc liquoreux
1 pincée de mélange
« quatre-épices »
sel, poivre

LES PORTIONS

Pour 1 personne

25 Kcal

4 Ajouter le reste des figues autour de la viande et laisser mijoter encore 10 minutes. Servir le filet mignon coupé en tranches, entouré des figues et accompagné de riz créole.

■FILET DE PORC FUMÉ AU CHOU

Coût : ★ Diff. : ■
Préparation : 20 min
Cuisson : 65 min

POUR 4 PERSONNES

480 g de filet de porc fumé
(ou, à défaut, salé)
900 g de chou vert frisé
100 g d'oignons
200 g de carottes
1 cc d'huile
1 brin de thym
1 feuille de laurier
5 brins de persil
5 grains de genièvre
sel, poivre

LES PORTIONS

Pour 1 personne

●

● ◑ + 10 Kcal

1 Ôter la barde ou le gras de la viande, si nécessaire. Laver le chou, puis l'émincer très finement. Éplucher les oignons et les couper en rondelles, ainsi que les carottes. Disposer la viande dans une casserole d'eau non salée et porter à ébullition. Laisser pocher 10 minutes environ à feu doux, puis l'égoutter.

2 Faire chauffer l'huile dans une grande cocotte. Ajouter les oignons et les faire fondre 5 minutes à feu doux, en remuant. Ajouter les carottes et le chou. Bien mélanger et faire cuire 10 minutes à feu doux.

3 Dans la cocotte, ménager un creux au centre des légumes et disposer la viande dedans. La recouvrir de légumes, ajouter le thym, le laurier, le persil et les grains de genièvre. Mouiller avec un demi-verre d'eau, saler légèrement et poivrer assez fort. Couvrir et laisser cuire 40 minutes à feu très doux.
Servir la viande coupée en tranches, avec les légumes très chauds.

RÔTI DE PORC BOULANGÈRE

Coût : ★   Diff. : ■
Préparation : 20 min
Cuisson : 55 min

POUR 4 PERSONNES

480 g de rôti de porc
dans le filet
800 g de pommes de terre
150 g d'oignons
1 gousse d'ail
2 cc d'huile d'olive
1 cube de bouillon de volaille
2 brins de romarin
sel, poivre

LES PORTIONS

Pour 1 personne
🍵 🅼🅶

● ◖ + 5 Kcal

1 Préchauffer le four th. 7 (210 °C).
Ôter la barde ou le gras de la viande, si nécessaire. Éplucher et laver les pommes de terre. Les émincer finement, si possible à l'aide d'un robot. Éplucher également les oignons et l'ail, puis les émincer.

2 Faire chauffer l'huile dans une cocotte en fonte. Ajouter la viande, la faire dorer sur toutes ses faces à feu vif, pendant 5 minutes. Réserver la viande sur une assiette.

3 Verser dans la cocotte les oignons, l'ail et les pommes de terre. Laisser revenir 3 minutes à feu doux, en remuant délicatement. Délayer le bouillon dans un verre d'eau tiède. Remettre la viande dans la cocotte, sur les pommes de terre. Saler, poivrer, ajouter le romarin et mouiller avec le bouillon.

4 Fermer la cocotte et faire cuire au four environ 45 minutes. Servir chaud avec une salade verte.

■SAUTÉ DE PORC À LA CHINOISE

Coût : ★ Diff. : ■
Préparation : 15 min
Cuisson : 15 min

POUR 4 PERSONNES

480 g de filet mignon de porc
3 cs de sauce soja
3 cs de jus de citron
10 g de champignons noirs
déshydratés (= 100 g
réhydratés)
200 g de champignons chinois
en conserve
200 g de pousses de bambou
en conserve
100 g d'oignons
1 gousse d'ail
2 cc d'huile
2 cc de Maïzena

LES PORTIONS

Pour 1 personne

5 Kcal

1 Couper la viande en fines lamelles. La disposer sur un plat. Verser la sauce soja et le jus de citron par-dessus et laisser mariner pendant la préparation des légumes.

2 Faire tremper les champignons noirs dans un bol d'eau tiède. Égoutter les champignons en conserve et les rincer sous l'eau fraîche, ainsi que les pousses de bambou. Éplucher et émincer l'oignon et l'ail.

3 Égoutter la viande et l'éponger, en récupérant la marinade. La saupoudrer de Maïzena. Faire chauf-fer la moitié de l'huile dans une grande poêle anti-adhésive ou dans un wok. Ajouter les lamelles de vian-de et les faire revenir 5 minutes en remuant, sans les colorer. Réserver la viande sur une assiette.

4 Égoutter les champignons noirs et les couper en petits morceaux. Verser dans la poêle le reste de l'huile, puis les oignons, l'ail, tous les champignons et les pousses de bambou. Faire revenir 5 minutes à feu vif. Ajouter la viande et la mari-nade, faire cuire encore 5 minutes et servir, accompagné de riz parfumé asiatique.

■ESCALOPES DE POULET AUX CREVETTES

1 Peler et hacher la carotte, l'oignon et le céleri en branche. Préparer les champignons, les laver et les émincer.

2 Saler et poivrer les escalopes de poulet. Les faire dorer dans la margarine allégée 5 à 6 minutes sur chaque face.

3 Les enlever et les remplacer par le hachis de légumes. Faire cuire 5 minutes à feu doux en remuant. Ajouter les champignons. Poursuivre la cuisson 3 minutes et remettre les escalopes.

4 Ajouter le vermouth. Laisser bouillir 2 minutes. Incorporer la crème fraîche et poursuivre la cuisson 10 minutes à feu doux en retournant les escalopes. Ajouter les crevettes, laisser mijoter 2 minutes et servir.

Coût : ★ Diff. : ■
Préparation : 15 min
Cuisson : 25 min

POUR 4 PERSONNES

4 escalopes de poulet
(4 X 100 g)
120 g de crevettes décortiquées
1 carotte
1 oignon
1 branche de céleri
200 g de champignons de Paris
sel, poivre
8 cc de margarine allégée
3 cl de vermouth
8 cc de crème fraîche allégée

LES PORTIONS

Pour 1 personne
MG ●
35 Kcal

Cette recette se sert traditionnellement avec du pil-pil (à comptabiliser).

POULET AUX OLIVES ET AU SAFRAN

1 Enlever la peau des cuisses de poulet et les séparer en 2 à la jointure.

2 Les mettre dans une cocotte avec de l'eau, sans les couvrir tout à fait. Ajouter le gingembre, l'ail pelé, la dose de safran, le demi-bâton de cannelle et le sel. Couvrir et cuire 1 heure à feu doux.

3 Ébouillanter 5 minutes les olives vertes et noires. Égoutter.

4 Découvrir la cocotte et cuire 20 minutes (il ne doit rester que 4 à 5 cuillères de jus). Ajouter l'huile, une pincée de poivre de Cayenne, 1 jus de citron et 1 citron vert non pelé, coupé en 8 morceaux. Cuire 10 minutes. Remuer pour bien enrober le poulet.

5 Disposer les morceaux de poulet sur un plat. Verser le contenu de la cocotte et servir.

Coût : ★ Diff. : ■
Préparation : 10 min
Cuisson : 1 h 20
POUR 4 PERSONNES
4 cuisses de poulet (4 x 200 g)
2 rondelles de gingembre frais
4 gousses d'ail
1 dose de safran
1/2 bâton de cannelle
16 olives vertes
16 olives noires
4 cc d'huile d'olive
poivre de Cayenne
sel
1 citron
1 citron vert
LES PORTIONS
Pour 1 personne
MG ●
40 Kcal

Ce plat peut se déguster tiède mais on peut également le couvrir et laisser mariner 24 heures au froid. Sortir alors le plat du réfrigérateur 15 minutes avant de déguster.

■POULET PANÉ MODE LOUISIANE

Coût : ★ Diff. : ■ ■
Préparation : 10 min
Cuisson : 20 min

POUR 4 PERSONNES

4 filets de poulet (4 x 100 g)
2 cc de concentré de tomate
2 cc de sauce Worcestershire
1 cc de purée de piment
1 cc de beurre de cacahuètes
60 g de pain de mie
sel, poivre

LES PORTIONS

Pour 1 personne

●
15 Kcal

1 Ôter, si besoin, les vaisseaux ou les nerfs qui restent sur la viande. Mélanger le concentré de tomate, la sauce Worcestershire, le piment et le beurre de cacahuètes. Saler et poivrer. Badigeonner les filets de poulet de ce mélange sur les deux faces, puis les disposer dans un grand plat. Couvrir d'une feuille de film étirable et laisser au frais.

2 Préchauffer le four th. 6 (180 °C) ou préparer des braises dans le barbecue.

3 Hacher grossièrement le pain de mie (ou l'émietter avec les doigts). Sortir le poulet du réfrigérateur et répartir le pain sur chaque morceau. Le faire adhérer en pressant avec le plat de la main.

4 Disposer les filets dans un plat allant au four et faire cuire 20 minutes à four assez chaud, en les retournant à mi-cuisson. Surveiller la température et couvrir le poulet d'un papier d'aluminium si les morceaux se colorent trop vite.
Au barbecue, disposer le poulet assez loin des braises et le retourner à plusieurs reprises. Servir avec des épis de maïs cuits à l'eau ou grillés.

■ POULET RÔTI À L'ÉCHALOTE

Coût : ★ Diff. : ■ ■
Préparation : 25 min
Cuisson : 35 min

POUR 4 PERSONNES

1 petit poulet de 1,2 kg
300 g d'échalotes
1 cs de moutarde de Dijon
50 g de fromage blanc à 0 %
2 brins d'estragon
sel, poivre

LES PORTIONS

Pour 1 personne
◉ ◐
5 Kcal

1 Préchauffer le four th. 8 (240 °C).
Décoller très doucement la peau du poulet, sans la déchirer. Pour cela, passer un doigt entre la peau et la chair, à partir du croupion, puis continuer avec le manche d'une spatule en bois.
Saler et poivrer l'intérieur du poulet.

2 Éplucher et émincer les échalotes. Les verser dans un bol, ajouter la moutarde, le fromage blanc et l'estragon effeuillé. Saler et poivrer.

3 Étaler le mélange aux échalotes entre la peau du poulet et sa chair, en le répartissant le plus régulièrement possible. Disposer le poulet ainsi préparé dans un plat et faire cuire 35 minutes à four chaud.
Retourner le poulet à mi-cuisson et arroser souvent avec le jus.

4 Au moment de servir, couper le poulet en 4 portions et présenter le jus de cuisson dégraissé à part. Servir avec de la salade et/ou des pâtes fraîches.

■ POULET AU SAFRAN

Coût : ★ Diff. : ■
Préparation : 20 min
Cuisson : 30 min

POUR 4 PERSONNES

4 filets de poulet (4 x 130 g)
120 g d'oignons
1 gousse d'ail
250 g de poivron rouge
300 g de maïs doux en boîte
2 cc d'huile d'olive
1 dosette de safran
8 olives vertes dénoyautées
5 brins de persil frisé
sel, poivre

LES PORTIONS

Pour 1 personne

10 Kcal

1 Couper le poulet en cubes. Éplucher et émincer l'oignon et l'ail. Laver le poivron, puis l'émincer en fines lanières. Égoutter le maïs.

2 Faire chauffer l'huile dans une large poêle antiadhésive. Ajouter les morceaux de poulet, puis les faire revenir 5 minutes à feu vif, en remuant. Ôter la viande de la poêle et remplacer par les oignons, l'ail et les lanières de poivron. Baisser le feu et laisser dorer à feu doux 5 minutes, en remuant.

3 Remettre la viande dans la poêle, saler et poivrer. Mouiller avec un demi-verre d'eau chaude et saupoudrer de safran. Couvrir et laisser mijoter 15 minutes.

4 Verser le maïs dans la poêle, ainsi que les olives coupées en petits morceaux. Laisser chauffer 5 minutes, saupoudrer de persil haché et servir.

■ RÖMERTOPF
À L'ALSACIENNE

Coût : ★ Diff. : ■
Préparation : 25 min
(+ 12 h au réfrigérateur)
Cuisson : 1 h 30

POUR 4 PERSONNES

320 g de jarret de veau sans os
320 g de macreuse (bœuf)
100 g d'oignons
100 g de céleri en branche
1 bouquet garni (thym, laurier, persil)
1 verre de vin blanc sec
400 g de poireaux
600 g de pommes de terre à chair ferme
sel, poivre

LES PORTIONS

Pour 1 personne

1 La veille, couper la viande en 16 cubes et les disposer dans un römertopf ou une terrine à feu munie d'un couvercle. Éplucher et émincer les oignons, laver la branche de céleri. Ajouter les oignons, le céleri et le bouquet garni sur la viande. Saler et poivrer, mélanger. Mouiller avec le vin et fermer la terrine. La laisser au frais pendant 12 heures.

2 Le lendemain, préchauffer le four th. 7 (210 °C). Laver soigneusement les poireaux, les couper en tronçons de 15 cm. Éplucher et laver les pommes de terre. Les couper en 4. Ajouter les légumes dans la terrine. Saler et poivrer les légumes. Couvrir et fermer hermétiquement, à l'aide d'un cordon de farine délayée dans un peu d'eau.

3 Faire cuire la terrine au four pendant 1 heure 30 au moins.

4 Servir le plat directement sur la table. Casser le joint de farine devenu dur à la cuisson. Ouvrir la terrine (attention à la vapeur brûlante qui s'en échappe) et servir très chaud.

■ JARRET DE VEAU ET SES LÉGUMES

Coût : ★ Diff. : ■
Préparation : 25 min
Cuisson : 1 h 30 à 2 h

POUR 4 PERSONNES

650 g de jarret de veau
(1 kg avec l'os)
200 g de carottes
200 g de navets
200 g de poireaux
200 g de céleri-rave
100 g d'oignons
1 bouquet garni (thym, laurier, persil)
sel, poivre

LES PORTIONS

Pour 1 personne

1 Dégraisser la viande, si nécessaire. Ficeler la viande pour éviter qu'elle ne se déforme pendant la cuisson.

2 Porter à ébullition 2 litres d'eau salée, aromatisée de poivre, du bouquet garni et de l'oignon épluché. Lorsque l'eau est frémissante, ajouter la viande, couvrir et laisser cuire à petit feu.

3 Pendant ce temps, préparer les légumes. Éplucher les carottes, les navets et le céleri. Fendre la partie verte des poireaux dans le sens de la longueur. Laver soigneusement les légumes sous l'eau fraîche. Ficeler les poireaux avec de la ficelle de cuisine. Couper le céleri en gros cubes.

4 Après 25 minutes de cuisson de la viande, jeter les légumes dans la cocotte et poursuivre la cuisson 30 minutes. Rectifier l'assaisonnement. Servir le bouillon en entrée, puis la viande découpée en tranches et accompagnée des légumes. On peut servir du gros sel et de la moutarde à part.

■ NOIX DE VEAU AUX AGRUMES

Coût : ★ ★ ★ Diff. : ■ ■
Préparation : 20 min
Cuisson : 20 min

POUR 4 PERSONNES

480 g de noix de veau
2 oranges non traitées
1 pamplemousse
2 cc de margarine
4 cc de cognac (facultatif)
1 cc de Maïzena
1 cc de miel
1 pincée de gingembre en poudre
sel, poivre

LES PORTIONS

Pour 1 personne

15 Kcal

1 Couper le veau en 4 tranches, façon tournedos. Laver une orange sous l'eau très chaude. Râper sa peau, pour obtenir 2 cuillères à café de zeste. Presser ensuite les 2 oranges.

2 Éplucher le pamplemousse, séparer les quartiers, puis ôter délicatement les membranes. Déposer au fur et à mesure les quartiers sur une assiette.

3 Faire chauffer la margarine dans une poêle antiadhésive. Ajouter les morceaux de viande, les faire dorer à feu vif 2 minutes sur chaque face. Mouiller avec le cognac, flamber. Saupoudrer de Maïzena, verser le jus d'orange, le zeste, le miel et le gingembre. Saler et poivrer. Couvrir et laisser mijoter à feu doux 10 à 15 minutes, selon l'épaisseur de la viande.

4 Disposer les quartiers de pamplemousse dans la poêle, laisser chauffer 2 minutes à petite ébullition et servir.

■ OSSO BUCO

Coût : ★ ★ Diff. : ■ ■
Préparation : 20 min
Cuisson : 50 min

POUR 4 PERSONNES

4 tranches de jarret de veau
avec os (environ 750 g)
150 g de carottes
150 g de céleri
100 g d'oignons
2 gousses d'ail
300 g de tomates bien mûres
1 orange non traitée
2 cc d'huile d'olive
1/2 verre de vin blanc sec
1 brin de romarin
1/2 feuille de laurier
sel, poivre

LES PORTIONS

Pour 1 personne

⊕ ⊕ ⊕
15 Kcal

1 Dégraisser, si nécessaire, le jarret de veau. Laver les légumes. Éplucher les carottes, l'ail et les oignons. Émincer les carottes, le céleri, les oignons, l'ail et couper les tomates en dés.

2 Laver l'orange à l'eau chaude, puis râper la peau pour obtenir 1 cuillère à café de zeste.

3 Faire chauffer l'huile dans une cocotte à fond épais. Ajouter le jarret et faire dorer 2 minutes sur chaque face, à feu vif. Mouiller avec le vin blanc, puis laisser évaporer 5 minutes à feu vif. Ajouter tous les légumes émincés, le zeste d'orange, le romarin et le thym. Saler, poivrer et couvrir.

4 Faire mijoter 45 minutes à feu doux. Servir chaud avec des épinards ou du riz créole. Ce plat est encore meilleur réchauffé : on peut le préparer la veille sans problème.

■ RÔTI DE VEAU AUX MORILLES

Coût : ★ ★ ★ Diff. : ■
Préparation : 5 min
Cuisson : 35 min

POUR 4 PERSONNES

480 g de rôti de veau
300 g de morilles en conserve
(ou fraîches)
2 cc de margarine
1 brin d'estragon
4 cc de crème fraîche
sel, poivre

LES PORTIONS

Pour 1 personne

10 Kcal

1 Ôter la barde du rôti, si nécessaire. Égoutter les morilles, mais récupérer un demi-verre de jus.

2 Faire fondre la margarine dans une cocotte à fond épais. Ajouter la viande. La faire revenir à feu moyen sur toutes ses faces pendant environ 7 minutes.

3 Saler, poivrer, ajouter l'estragon, mouiller avec le jus des morilles. Couvrir et laisser mijoter 20 minutes à feu doux. Surveiller et ajouter, si besoin, un peu d'eau en cours de cuisson.

4 Ajouter les champignons, laisser cuire 5 minutes. Lier la sauce avec la crème. Rectifier l'assaisonnement et servir avec des pommes de terre vapeur ou des pâtes.

■ SAUTÉ DE VEAU AUX POMMES DE TERRE

1 Couper les escalopes de veau en dés assez gros. Laver les légumes. Éplucher e couper les pommes de terre en dés. Émincer les champignons et détailler le poivron en lanières fines.

Coût : ★ ★ Diff. : ■
Préparation : 20 min
Cuisson : 35 min

POUR 4 PERSONNES

480 g d'escalopes de veau
600 g de pommes de terre à
chair ferme
100 g de poivron rouge
200 g de champignons de Paris
2 cc d'huile d'olive
2 gousses d'ail
5 brins de persil
sel, poivre

LES PORTIONS

Pour 1 personne

2 Faire chauffer l'huile dans une large poêle anti adhésive ou dans un *wok*. Ajouter la viande et la faire dorer 3 minutes à feu vif, en remuant. Réserve sur une assiette. Verser les pommes de terre dans la poêle. Saler, poivrer et faire cuire à feu doux 15 minutes, en remuant. Ajouter les champignons e les poivrons et poursuivre la cuisson 10 minutes, en remuant délicatement pour ne pas écraser le légumes.

3 Ajouter la viande rôtie dans la poêle et faire cuire encore 5 minutes. Hacher le persil et l'ail. Servir chaud, relevé du mélange ail-persil.

▪ VEAU MARINÉ À L'ITALIENNE

Coût : ★ ★ Diff. : ■ ■
Préparation : 10 min
(+ 24 h au réfrigérateur)
Cuisson : 15 min

POUR 4 PERSONNES

400 g d'escalopes de veau
1 œuf
4 cc de chapelure
4 cc d'huile d'olive
3 branches de céleri
3 cl de vin blanc sec
3 dl de vinaigre de vin blanc
5 baies de genièvre
sel, poivre
120 g de petits oignons au vinaigre
10 feuilles de sauge

LES PORTIONS

Pour 1 personne
MG ● ◐
15 Kcal

1 Couper les escalopes de veau en gros morceaux. Les rouler dans l'œuf battu et dans la chapelure. Faire dorer dans 2 cuillères à café d'huile d'olive.

2 Dans une casserole, faire réduire 10 minutes à petits bouillons le céleri coupé en tronçons, le vin blanc sec, le vinaigre, la sauge et les baies de genièvre. Saler et poivrer. Ôter du feu et ajouter les oignons blancs égouttés.

3 Disposer dans une terrine les morceaux d'escalopes, les feuilles de sauge et le céleri. Verser le vinaigre chaud et les 2 cuillères à café d'huile d'olive restantes. Couvrir. Laisser mariner 24 heures au réfrigérateur.

Accompagner ce plat d'une salade roquette ou de cresson et de raisin blanc, arrosés du jus de la terrine.

ARTICHAUTS FARCIS EN PAPILLOTES

Coût : ★ ★ Diff. : ■
Préparation : 15 min
Cuisson : 30 min

POUR 4 PERSONNES

12 fonds d'artichaut surgelés
300 g de champignons de Paris
2 échalotes
2 gousses d'ail
60 g de pain de mie
1 pincée de curry
1 brin de romarin
sel, poivre
1 œuf

LES PORTIONS

Pour 1 personne

1 Préchauffer le four th. 4 (180 °C). Faire cuire les fonds d'artichaut dans de l'eau bouillante salée pendant 3 minutes. Les égoutter.

2 Nettoyer les champignons, les laver, les égoutter. Mixer au robot les champignons, les échalotes, les gousses d'ail, le pain de mie, le curry ainsi que le romarin, le sel et le poivre.

3 Incorporer l'œuf à ce hachis. Farcir les fonds d'artichaut de ce mélange.

4 Mettre chaque fond d'artichaut sur une feuille de papier sulfurisé. Fermer chaque feuille avec une ficelle pour former des bourses.

5 Mettre ces papillotes dans un plat allant au four. Verser 5 cl d'eau au fond du plat. Cuire 25 à 30 minutes.

On peut remplacer le romarin par des feuilles de céleri. Supprimer le curry et ajouter des herbes de Provence mélangées.

MOUSSES D'ASPERGES VERTES

Coût : ★ Diff. : ■
Préparation : 15 min
Cuisson : 25 min

POUR 4 PERSONNES

1 kg d'asperges vertes
25 cl de lait écrémé
(non consommé)
10 cl de crème fraîche allégée
4 œufs
sel, poivre
1 pincée de noix de muscade

LES PORTIONS

Pour 1 personne

20 Kcal

1 Éplucher les asperges. Réserver la moitié des pointes. Couper le reste en tronçons et faire cuire 10 minutes dans le lait, légèrement frémissant.

2 Les égoutter et les mixer avec la crème et les œufs. Poivrer et saler. Ajouter la muscade.

3 Préchauffer le four th. 6 (180 °C). Répartir la préparation dans 4 ramequins antiadhésifs. Les passer 15 minutes au four, au bain-marie.

4 Cuire les pointes d'asperge réservées 5 minutes dans l'eau bouillante salée. Démouler les mousses. Décorer avec les pointes d'asperge. Servir chaud avec un poisson ou une viande blanche.

■AUBERGINES EN GRATIN

Coût : ★ Diff. : ■
Préparation : 20 min
Cuisson : 45 min

POUR 4 PERSONNES

800 g d'aubergines
300 g de tomates bien mûres
10 feuilles de basilic
2 gousses d'ail
2 cc d'huile d'olive
60 g de gruyère allégé râpé
sel, poivre

LES PORTIONS

Pour 1 personne

1 Laver les aubergines, puis les couper en tranches fines dans le sens de la longueur. Les disposer dans une passoire, en les salant fortement. Les laisser dégorger pendant la préparation des tomates.

2 Laver les tomates, les couper en 4. Éplucher les gousses d'ail. Faire chauffer l'huile dans une petite poêle antiadhésive. Ajouter les gousses d'ail entières. Les faire dorer à feu très doux pendant 3 minutes. Verser les tomates, saler, poivrer et laisser mijoter 10 minutes à feu doux.

3 Préchauffer le four th. 7 (210 °C). Rincer abondamment les aubergines, puis les éponger avec du papier absorbant. Ranger les tranches d'aubergine dans un plat à gratin, en alternant avec la sauce tomate. Parsemer les aubergines de feuilles de basilic, puis recouvrir de fromage râpé.

4 Faire cuire 30 minutes au four, et servir chaud ou froid.

■COMPOTÉE D'AUBERGINES

Coût : ★ Diff. : ■
Préparation : 15 min
Cuisson : 15 min

POUR 4 PERSONNES

900 g d'aubergines
1 citron
gros sel
300 g de tomates bien mûres
3 gousses d'ail
10 brins de persil
4 cc d'huile d'olive
2 brins de coriandre fraîche
(facultatif)
sel, poivre

LES PORTIONS

Pour 1 personne

1 Éplucher les aubergines et ôter les graines. Les couper en dés. Les disposer dans une passoire avec une bonne poignée de gros sel. Arroser d'1 jus de citron et laisser dégorger 20 minutes environ.

2 Porter à ébullition 1 litre d'eau, ajouter les tomates. Les faire bouillir 1 minute, puis les égoutter et les éplucher. Les couper en 4 et ôter les graines.

3 Rincer les aubergines et les faire cuire 15 minutes à la vapeur. Les disposer dans une passoire et presser avec le plat de la main pour bien les essorer.

4 Verser dans le bol du mixeur les aubergines, les tomates, les gousses d'ail, le persil, la coriandre et l'huile. Mixer pour obtenir une purée épaisse. Saler et poivrer. Servir tiède, en accompagnement de grillades ou en entrée, avec du pain de campagne grillé.

■ BLETTES AU PARMESAN

Coût : ★ Diff. : ■
Préparation : 10 min
Cuisson : 25 min

POUR 4 PERSONNES

900 g de vert de blettes
2 cc de margarine
40 g de Maïzena
25 cl de lait écrémé
30 g de parmesan râpé
sel, poivre

LES PORTIONS

Pour 1 personne

25 Kcal

1 Laver soigneusement les feuilles de blettes. Les couper en 6 morceaux et les égoutter. Faire bouillir 1 verre d'eau additionnée d'une pincée de sel dans une grande casserole. Ajouter les feuilles de blettes. Les faire cuire 15 minutes à feu doux, en remuant de temps en temps, puis les égoutter.

2 Faire fondre la margarine dans une grande poêle antiadhésive. Ajouter les blettes cuites et les faire revenir pendant 5 minutes en remuant.

3 Saupoudrer de Maïzena et mélanger. Verser le lait, mélanger doucement et porter à ébullition. Laisser cuire 2 minutes à feu doux, le temps de faire épaissir la sauce.

4 Saler, poivrer, saupoudrer de parmesan, laisser cuire encore 1 minute et servir. Les blettes accompagnent bien les œufs, les poissons et les viandes blanches.

■ MOUSSE DE BROCOLIS

1 Laver les brocolis et les couper en petits bouquets. Les faire cuire à la vapeur pendant 15 minutes (ou à l'eau bouillante salée pendant 10 à 15 minutes). Préchauffer le four th. 6 (180 °C).

Coût : ★ Diff. :
Préparation : 15 min
Cuisson : 40 min

POUR 4 PERSONNES

900 g de brocolis
1 gousse d'ail
5 brins de persil plat
5 brins de ciboulette
3 blancs d'œufs très frais +
1 œuf
8 cc de crème fraîche
sel, poivre

LES PORTIONS

Pour 1 personne

20 Kcal

2 Réduire les brocolis en fine purée lorsqu'ils sont tièdes. Ajouter l'œuf entier, l'ail et les herbes hachées. Saler et poivrer assez fort.

3 Monter les blancs d'œufs en neige très ferme. Les incorporer délicatement à la purée de brocolis, ainsi que la crème.

4 Verser le mélange dans un moule à cake et faire cuire 25 minutes au four. Laisser tiédir avant de démouler. Servir tiède ou froid, en accompagnement d'un poisson ou d'une viande blanche.

Pour simplifier la recette, on peut faire cuire le mélange dans des ramequins individuels et ne pas les démouler.

CAROTTES MOELLEUSES À LA SAUGE

1 Éplucher et couper les carottes en rondelles. Peler les oignons, en piquer 1 avec les clous de girofle. Émincer les autres oignons.

2 Mettre la margarine, les carottes et les oignons dans une sauteuse avec les feuilles de sauge ciselées, le sucre, le sel et le poivre. Ajouter de l'eau à hauteur des carottes, couvrir et faire frémir pendant 10 minutes.

3 Terminer la cuisson à découvert jusqu'à évaporation de l'eau. En fin de cuisson, ajouter la crème sur les carottes presque cuites et laisser réduire jusqu'à onctuosité.

4 Servir après avoir parsemé de persil haché.

Coût : ★   Diff. : ■
Préparation : 15 min
Cuisson : 35 à 40 min

POUR 4 PERSONNES

1 kg de carottes
3 oignons blancs
2 clous de girofle
4 cc de margarine
4 feuilles de sauge
2 cc de sucre en poudre
sel, poivre
10 cl de crème fraîche allégée
1 cs de persil

LES PORTIONS

Pour 1 personne
Lé

MG
30 Kcal

Pour avoir des légumes tendres : en guise de couvercle, utiliser un disque de papier sulfurisé entaillé de plusieurs coups de ciseaux et le poser directement sur la surface de l'eau.

■ CAROTTES NOUVELLES AUX « LARDONS »

1 Éplucher et laver les carottes. Les couper en rondelles pas trop fines. Éplucher et émincer les oignons. Couper le jambon en forme de lardons.

2 Faire fondre la margarine dans une cocotte à fond épais. Ajouter les oignons et le jambon. Faire revenir 10 minutes à feu doux, en remuant.

3 Ajouter le thym, mouiller avec le vin et un demi-verre d'eau. Couvrir et laisser mijoter 20 minutes à petit feu. Arrêter la cuisson lorsque les carottes sont tendres.

4 Servir chaud, saupoudré de persil haché.

Coût : ★ Diff. : ■
Préparation : 20 min
Cuisson : 30 min
POUR 4 PERSONNES
600 g de carottes
100 g d'oignons blancs
120 g de jambon blanc dégraissé (1 tranche épaisse)
4 cc de margarine
1 brin de thym
8 cc de vin blanc
5 brins de persil frisé
LES PORTIONS
Pour 1 personne
ⓖ
MG ⓘ
10 Kcal

■ MOUSSE DE CÉLERI-RAVE

Coût : ★ Diff. : ■ ■
Préparation : 25 min
Cuisson : 35 min
POUR 4 PERSONNES
600 g de céleri-rave
4 cc de crème fraîche
1 portion de fromage fondu allégé
1 pincée de noix de muscade
3 blancs d'œufs
2 cc de margarine allégée
sel, poivre
LES PORTIONS
Pour 1 personne
ⓖ
ⓘ MG
10 Kcal

1 Éplucher le céleri, le laver, puis le couper en morceaux. Le faire cuire 20 minutes à la vapeur (ou à l'eau bouillante salée). L'égoutter ensuite en pressan dessus.

2 Passer le céleri au moulin à légumes pour obteni une fine purée. La verser dans un saladier.
Préchauffer le four th. 5 (150 °C).

3 Ajouter la crème et le fromage fondu à la purée de céleri. Bien mélanger, saler, poivrer, ajouter la muscade.
Faire fondre la margarine. Badigeonner très légèrement de margarine fondue 8 petits ramequins (ou 4 moyens) en Pyrex à l'aide d'un pinceau.

4 Monter les blancs en neige très ferme et les incorporer délicatement à la purée de céleri. Répartir le mélange dans les ramequins et faire cuire 15 minutes au four. Servir dès la sortie du four, avec une viande rouge grillée ou du gibier.

■PRINTANIÈRE DE CÉLERI ET CAROTTES

Coût : ★ Diff. : ■
Préparation : 20 min
Cuisson : 20 min

POUR 4 PERSONNES

300 g de carottes
200 g de céleri-rave
100 g d'oignons blancs
400 g de pommes de terre
2 cs de crème fraîche
10 brins de ciboulette
sel, poivre

LES PORTIONS

Pour 1 personne

15 Kcal

1 Éplucher et laver les carottes, le céleri et les pommes de terre. Les couper en dés. Éplucher et émincer l'oignon.

2 Faire chauffer de l'eau dans l'autocuiseur. Disposer les légumes dans le panier, en les séparant les uns des autres. Faire cuire 20 minutes.

3 Pendant ce temps, laver la ciboulette et la ciseler finement. Verser la crème dans un bol. Ajouter la ciboulette, saler, poivrer et garder au frais.

4 Quand les légumes sont tendres, les disposer dans le plat de service, en les mélangeant. Napper de sauce et servir immédiatement.

■CHAMPIGNONS EN PERSILLADE

1 Laver rapidement les champignons sous l'eau fraîche. Ôter leur pied sableux. Les laisser de préférence entiers ou les couper, s'ils sont trop gros. Presser le citron et réserver le jus. Éplucher les gousses d'ail et hacher le persil.

Coût : ★ ★ Diff. : ■
Préparation : 10 min
Cuisson : 20 min

POUR 4 PERSONNES

900 g de petits champignons
de Paris
1 citron
2 cc de margarine
3 gousses d'ail
10 brins de persil frisé
sel, poivre

LES PORTIONS

Pour 1 personne

2 Faire fondre la margarine dans une cocotte à fond épais. Ajouter les champignons et 1 gousse d'ail. Les faire revenir 5 minutes à feu très doux, en remuant.

3 Verser le jus de citron. Saler et poivrer. Couvrir et laisser mijoter à feu doux pendant 10 à 15 minutes, selon la taille des champignons.

4 En fin de cuisson, laisser évaporer si besoin l'excédent de liquide, à feu vif. Hacher les 2 gousses d'ail restantes. Répartir l'ail et le persil sur les champignons et servir.

C'est une garniture simple qui accompagne très bien le veau et le poisson. Les champignons surgelés conviennent aussi pour cette recette : dans ce cas, augmenter le temps de cuisson de 10 minutes.

CHOU BRAISÉ
AUX TOMATES FRAÎCHES

1 Porter à ébullition une casserole d'eau salée. Laver le chou, puis l'émincer. Jeter le chou dans l'eau bouillante, laisser cuire 5 minutes, puis l'égoutter.

2 Laver les tomates, puis les couper en petits cubes, en ôtant les graines. Éplucher et émincer l'oignon et l'ail.

3 Faire chauffer l'huile dans une cocotte à fond épais. Ajouter les oignons et l'ail. Faire revenir 5 minutes à feu doux, en remuant. Ajouter le chou égoutté, mélanger et laisser dorer encore 5 minutes. Verser les tomates, saler, poivrer, saupoudrer de thym frais effeuillé. Couvrir et laisser mijoter 20 minutes à feu doux.

4 Servir chaud, en accompagnement d'un rôti de filet de porc ou d'une pintade.

Coût : ★   Diff. : ■
Préparation : 15 min
Cuisson : 35 min
POUR 4 PERSONNES
800 g de chou vert frisé
300 g de tomates bien mûres
100 g d'oignons
1 gousse d'ail
2 cc d'huile d'olive
2 brins de thym frais
sel, poivre
LES PORTIONS
Pour 1 personne

■ CHOU-FLEUR À LA RUSSE

1 Faire cuire l'œuf 10 minutes à l'eau bouillante
salée, puis l'écaler et le hacher.
Laver le chou-fleur, le séparer en petits bouquets de
taille égale. Les faire cuire 10 minutes à la vapeur ou à
l'eau bouillante salée. Les passer sous l'eau fraîche et
les égoutter.

2 Faire cuire d'autre part la macédoine surgelée
selon les indications inscrites sur l'emballage : en
général, 5 à 10 minutes à l'eau bouillante salée. Bien
égoutter la macédoine lorsqu'elle est cuite.

3 Mélanger dans un petit bol l'huile, la moutarde, le
jus de citron et le fromage blanc. Fouetter pour
obtenir un mélange homogène. Saler et poivrer assez
fort, ajouter la ciboulette ciselée et le paprika. Verser la
moitié de la sauce dans la macédoine et mélanger.

4 Disposer la macédoine au centre du plat de service. Piquer dans la macédoine
les bouquets de chou-fleur. Répartir l'œuf haché et verser le reste de la sauce
par-dessus. Servir frais, mais pas froid.

Coût : ★ Diff. : ■
Préparation : 15 min
Cuisson : 30 min
POUR 4 PERSONNES
600 g de chou-fleur
300 g de macédoine surgelée
1 œuf
2 cc d'huile de soja
5 cc de moutarde de Dijon
4 cc de jus de citron
200 g de fromage blanc à 0 %
10 brins de ciboulette
1 pincée de paprika
sel, poivre
LES PORTIONS
Pour 1 personne

■ COURGETTES SAUTÉES AUX ANCHOIS

Coût : ★ Diff. : ■
Préparation : 20 min
Cuisson : 20 min

POUR 4 PERSONNES

900 g de jeunes courgettes
2 cc d'huile d'olive
2 gousses d'ail
40 g de filets d'anchois
10 brins de persil
poivre

LES PORTIONS

Pour 1 personne

🟤

🟢
15 Kcal

1 Laver les courgettes, les couper en tranches d'un demi-centimètre d'épaisseur. Ôter les graines, si nécessaire.

2 Faire chauffer une cuillère d'huile dans une large poêle antiadhésive. Ajouter les courgettes et les faire revenir 10 minutes à feu moyen, en remuant. Diminuer le feu si elles se colorent trop vite. Ajouter 2 cuillères d'eau, couvrir et laisser mijoter 10 minutes.

3 Pendant ce temps, éplucher les gousses d'ail, couper les anchois en petits morceaux et hacher le persil. Piler l'ail, les anchois, le persil et une cuillère d'huile dans un petit mortier. Poivrer mais ne pas saler.

4 Vérifier que les courgettes sont tendres. Verser le mélange aux anchois dans la poêle, mélanger avec précaution. Rectifier l'assaisonnement et servir.

GALETTES DE COURGETTES

Coût : ★ Diff. : ■
Préparation : 20 min
Cuisson : 30 min (environ)

POUR 4 PERSONNES

600 g de jeunes courgettes
1 gousse d'ail
5 brins de persil
5 brins de ciboulette
1 œuf
40 g de Maïzena
2 cc d'huile de tournesol
sel, poivre

LES PORTIONS

Pour 1 personne

1 Laver les courgettes. Les ouvrir en 2 dans le sens de la longueur et ôter les graines, si nécessaire. Râper ensuite les courgettes à l'aide d'un robot ou d'une râpe à main. Verser les courgettes râpées dans une passoire, poser par-dessus une assiette avec un poids (une grosse boîte de conserve, par exemple) et laisser égoutter quelques minutes.

2 Éplucher la gousse d'ail, laver le persil et la ciboulette. Hacher l'ail, le persil et la ciboulette. Les verser dans un saladier, ajouter l'œuf et la Maïzena. Bien mélanger. Saler et poivrer.

3 Verser les courgettes égouttées dans le saladier et mélanger intimement à la préparation précédente.

4 Faire chauffer 1 cuillère d'huile dans une poêle antiadhésive.
Déposer des grosses cuillères de courgette dans la poêle bien chaude et faire dorer les galettes 3 à 5 minutes par face, à feu moyen. Les déposer sur un plat maintenu au chaud et procéder ainsi jusqu'à épuisement du mélange.
Servir chaud, avec une viande rôtie.

■PURÉE DE COURGETTES

Coût : ★ Diff. : ■
Préparation : 10 min
Cuisson : 20 min

POUR 4 PERSONNES

1,2 kg de courgettes
300 g de pommes de terre
20 cl de crème fraîche allégée
sel, poivre
4 cc d'huile d'olive
1/2 botte de ciboulette
1/2 bouquet de persil

LES PORTIONS

Pour 1 personne

🅛

MG 🅞
40 Kcal

1 Émincer finement 1 courgette avec un épluche-légumes. Couper les autres courgettes à chaque extrémité et les détailler en tronçons.

2 Éplucher les pommes de terre. Les couper en morceaux. Faire cuire les courgettes en tronçons et les pommes de terre 15 minutes dans le panier d'un autocuiseur.

3 Ajouter ensuite la courgette émincée et faire cuire encore 5 minutes jusqu'à épaississement et obtention d'une teinte jaune pâle. La retirer et la réserver sur une assiette.

4 Réduire en purée les courgettes en tronçons et les pommes de terre. Ajouter la crème fraîche, saler et poivrer, puis ajouter l'huile d'olive. Mélanger la ciboulette et le persil à cette préparation.

5 Dresser la purée en forme de dôme pour servir. La strier à la fourchette et entourer de la courgette en lamelles.

Sur la photo ci-contre :
Mousse de céleri-rave (voir page 188), purée de courgettes et purée de potiron (voir page 209).

ENDIVES GRATINÉES À LA TOMME

1 Laver les endives. Les couper en 2 dans le sens de la longueur. Évider le pied souvent amer. Les faire cuire 25 minutes à la vapeur ou à l'eau bouillante salée. Préchauffer le four th. 7 (210 °C).

2 Porter le lait à ébullition. Délayer la Maïzena dans un demi-verre d'eau froide. Verser ce mélange dans le lait chaud et porter à ébullition en remuant. Ôter du feu, saler, poivrer, ajouter la margarine et la muscade.

3 Râper la tomme assez fin. Reconstituer les endives en enfermant au milieu une petite pincée de fromage et un soupçon de sel et de poivre.

4 Disposer les endives dans un plat allant au four. Couvrir avec la sauce et saupoudrer avec le reste du fromage. Faire gratiner au four 20 minutes et servir chaud.

Coût : ★ Diff. : ■
Préparation : 20 min
Cuisson : 45 min

POUR 4 PERSONNES

1, 2 kg d'endives
25 cl de lait écrémé
40 g de Maïzena
2 cc de margarine
1 pincée de noix de muscade
120 g de tomme allégée
sel, poivre

LES PORTIONS

Pour 1 personne

FENOUILS À LA PROVENÇALE

1 Laver les bulbes de fenouil. Ôter les petites feuilles et les côtes trop dures. Couper les fenouils en 4, dans le sens de la longueur.

Coût : ★ Diff. : ■
Préparation : 15 min
Cuisson : 30 min

POUR 4 PERSONNES

600 g de bulbe de fenouil
300 g de tomates bien mûres
2 gousses d'ail
2 cc d'huile d'olive
5 brins de persil
1 brin de thym
sel, poivre

LES PORTIONS

Pour 1 personne

2 Porter à ébullition une casserole d'eau. Laver les tomates. Les ébouillanter 2 minutes, les passer sous l'eau fraîche, puis les éplucher. Les couper en dés et ôter les graines.

3 Éplucher l'ail. Faire chauffer l'huile dans une cocotte à fond épais. Ajouter l'ail et laisser dorer 2 minutes à feu très doux. Verser les tomates, le persil haché et le thym. Ajouter les bulbes de fenouil coupés, saler et poivrer.

4 Couvrir et laisser mijoter 25 minutes à feu doux. Ajouter, si besoin, un peu d'eau en cours de cuisson. Servir tiède ou froid avec une viande blanche ou du poisson. Le fenouil se marie très bien également avec les œufs.

■ FAGOTS
DE HARICOTS VERTS CITRONNÉS

1 Équeuter les haricots verts et ôter les fils. Les rincer sous l'eau fraîche, puis les faire cuire à la vapeur pendant 10 minutes. Ils doivent rester un peu croquants. Les garder au chaud dans l'autocuiseur.

2 Pendant la cuisson des haricots, verser l'huile dans un saladier. Ajouter le jus du demi-citron, les gousses d'ail et le basilic finement haché. Saler et poivrer assez fort.

3 Verser les haricots dans le saladier, les mélanger à la sauce et les répartir en 16 parts égales.

4 Ranger les haricots dans le même sens et les lier en 16 fagots avec la ciboulette. Si la ciboulette est trop fine, la plier en deux. Faire un petit nœud pour maintenir les fagots et les disposer au fur et à mesure sur les assiettes ou sur le plat de service. Servir tiède ou froid, avec une viande froide ou un rôti.

Coût : ★ Diff. : ■ ■
Préparation : 30 min
Cuisson : 10 min
POUR 4 PERSONNES
600 g de haricots verts extrafins
2 cc d'huile d'olive
1/2 citron
2 gousses d'ail
5 feuilles de basilic
16 beaux brins de ciboulette
sel, poivre
LES PORTIONS
Pour 1 personne
(P)
(MG)

■ NAVETS BRAISÉS

Coût : ★ Diff. : ■
Préparation : 5 min
Cuisson : 30 min
POUR 4 PERSONNES
3 bottes de navets primeurs
4 cc de margarine
1 pincée de sucre
sel, poivre
LES PORTIONS
Pour 1 personne
(P)
(MG)

1 Éplucher les navets en laissant 3 cm de tige verte. Les mettre dans une sauteuse et verser de l'eau à hauteur.

2 Ajouter la margarine et la pincée de sucre. Saler, poivrer.

3 Faire cuire les navets 30 minutes à petit feu et à demi-couvert. Servir avec des magrets de canard.

■ NOUILLES ALSACIENNES SAUCE CRÉMEUSE

1 Hacher le jambon dégraissé. Éplucher et émincer l'oignon. Hacher le persil.

2 Faire chauffer la margarine dans une petite poêle antiadhésive. Ajouter le jambon, l'oignon et le persil. Faire dorer 5 minutes à feu doux, en remuant. Ajouter la crème, mélanger et ôter du feu. Saler, poivrer.

3 Porter à ébullition une grande quantité d'eau salée. Ajouter les nouilles. Les faire cuire 10 minutes environ (ou suivre les instructions de l'emballage). Faire réchauffer doucement la sauce à la crème. Égoutter les nouilles dans une passoire et les verser dans un plat chaud.

4 Verser la sauce sur les nouilles, saupoudrer de parmesan, mélanger et servir rapidement.

Coût : ★ Diff. : ■
Préparation : 10 min
Cuisson : 15 min

POUR 4 PERSONNES

60 g de jambon blanc
50 g d'oignons
5 brins de persil plat
2 cc de margarine
280 g de nouilles alsaciennes
8 cc de crème fraîche
20 g de parmesan
sel, poivre

LES PORTIONS

Pour 1 personne

● ● 🅶
40 Kcal

■ PETITS POIS MIJOTÉS AUX LAITUES

Coût : ★ Diff. : ■
Préparation : 15 min
Cuisson : 25 min

POUR 4 PERSONNES

600 g de petits pois frais
ou surgelés
2 cœurs de laitue (150 g)
150 g de petits oignons blancs
60 g de jambon cru
2 cc de margarine
1 tablette de bouillon de volaille
1 brin de thym
5 brins de persil

LES PORTIONS

Pour 1 personne

● 🅶
◐ + 5 Kcal

1 Trier les petits pois ; les laisser à température ambiante s'ils sont surgelés. Laver les cœurs de laitue, les couper en 4. Éplucher et émincer les oignons.

2 Faire fondre la margarine dans une cocotte à fond épais. Ajouter les oignons, le jambon et les laitues. Laisser fondre doucement 5 minutes, en remuant.

3 Ajouter les petits pois, le bouillon, le thym et le persil. Mouiller avec un verre d'eau. Couvrir et laisser mijoter 20 minutes.

4 Au moment de servir, ôter le thym et le persil et rectifier l'assaisonnement. Présenter les petits pois en accompagnement d'une viande blanche ou d'une volaille rôtie.

FONDUE DE POIREAUX À LA CRÈME

1 Laver soigneusement les poireaux et les couper en tronçons de 2 cm de long.

2 Faire fondre la margarine dans une sauteuse anti-adhésive. Ajouter les poireaux. Les faire revenir 5 minutes à feu doux, en remuant. Ajouter 1 verre d'eau tiède et la tablette de bouillon. Laisser mijoter 25 minutes à feu doux.

3 Lorsque les poireaux sont tendres, ajouter la crème. Faire tiédir doucement, rectifier l'assaisonnement et servir, saupoudré de persil haché.

Coût : ★ Diff. : ■
Préparation : 15 min
Cuisson : 25 min

POUR 4 PERSONNES

1,2 kg de blanc de poireau
2 cc de margarine
1 tablette de bouillon de légumes
3 cs rases de crème fraîche
10 brins de persil

LES PORTIONS

Pour 1 personne
🅛
🅜🅖
25 Kcal

Ces poireaux sont délicieux avec un poisson cuit à la vapeur ou une volaille rôtie.

CROQUETTES DE POMMES DE TERRE SURPRISE

1 Faire cuire les pommes de terre 20 minutes à l'eau bouillante salée. Les égoutter et les éplucher.

2 Les réduire en purée épaisse, en ajoutant peu à peu le lait tiédi. La purée doit rester ferme, doser le lait en conséquence. Ajouter l'œuf entier et la ciboulette ciselée. Saler et poivrer. Laisser refroidir le mélange.

3 Couper la mozzarella en petits dés. Former des boulettes de purée de la taille d'un petit œuf. Faire un trou au centre et y loger quelques dés de mozzarella. Les reformer en recouvrant complètement le fromage avec la purée. Les aplatir légèrement avec le plat de la main.

Coût : ★ Diff. : ■
Préparation : 20 min
Cuisson : 30 min

POUR 4 PERSONNES

800 g de pommes de terre type Bintje
20 cl de lait demi-écrémé
1 œuf
10 brins de ciboulette
120 g de mozzarella
2 cc de margarine
sel, poivre

LES PORTIONS

Pour 1 personne
🅖 🅓 🅜🅖
●

---

4 Faire chauffer la margarine dans une poêle antiadhésive. Déposer les croquettes dans la poêle et les faire dorer 3 minutes sur chaque face. Servir chaud avec une salade verte.

■ POMMES DE TERRE À L'ANETH

Coût : ★ Diff. : ■
Préparation : 5 min
Cuisson : 25 min

POUR 4 PERSONNES

1 kg de pommes de terre
(type Bintje)
sel, poivre
2 oignons
10 cl de vinaigre
1 gros bouquet d'aneth
10 cornichons
10 cl de crème fraîche allégée

LES PORTIONS

Pour 1 personne

🔘

20 Kcal

1 Éplucher les pommes de terre, les laver et les couper en quartiers. Les cuire 15 minutes dans de l'eau salée.

2 Peler et émincer les oignons. Les mettre dans une sauteuse avec le vinaigre. Faire réduire à feu doux. Ils doivent devenir transparents.

3 Laver, essorer et couper finement l'aneth. L'ajouter aux oignons. Couper les cornichons en rondelles. Les ajouter dans la sauteuse. Saler et poivrer.

4 Ajouter la crème fraîche. Laisser mijoter doucement pendant 5 à 10 minutes, pour faire épaissir.

5 Égoutter les pommes de terre, les ajouter au mélange de la sauteuse. Mélanger et laisser frémir. Servir bien chaud.

Traditionnellement, ce plat se sert avec des filets de harengs doux ou fumés.

■ POMMES DE TERRE AU MICRO-ONDES

1 Éplucher et laver les pommes de terre. Les émincer le plus finement possible. Les passer sous l'eau fraîche et les essuyer.

Coût : ★ Diff. : ■
Préparation : 10 min
Cuisson : 5 min

POUR 1 PERSONNE

200 g de pommes de terre à
chair ferme
1 cc d'huile d'olive
1 pincée de feuilles de thym
sel, poivre

LES PORTIONS

Pour 1 personne

🔘 **MG**

2 Les étaler sur une assiette ou un plat allant au micro-ondes. Saler, poivrer, ajouter un filet d'huile, le thym et 3 cuillères à soupe d'eau.

3 Couvrir d'une feuille de film étirable perforé. Faire cuire au four à micro-ondes pendant 3 à 5 minutes (selon la puissance de votre appareil).

4 Ôter le film et servir bien chaud, avec un poisson ou une viande en sauce.

POMMES DE TERRE AUX OIGNONS

Coût : ★ Diff. : ■
Préparation : 20 min
Cuisson : 50 min

POUR 4 PERSONNES

800 g de pommes de terre type Bintje
300 g d'oignons
2 cc de margarine
1 tablette de bouillon de volaille
1 pincée de noix de muscade
sel, poivre
5 brins de cerfeuil
60 g de gruyère allégé râpé

LES PORTIONS

Pour 1 personne

◉ ① ⓰
5 Kcal

1 Éplucher et laver les pommes de terre. Les émincer très finement, de préférence à l'aide d'un robot. Éplucher les oignons, les émincer également. Préchauffer le four th. 6 (180 °C).

2 Faire chauffer la margarine dans une large poêle antiadhésive. Ajouter les pommes de terre et les oignons. Les faire revenir 10 minutes à feu moyen, en remuant délicatement. Saler peu et poivrer, ajouter la muscade et le cerfeuil haché.

3 Les verser dans un plat allant au four. Diluer le bouillon dans un verre d'eau tiède. Verser sur les pommes de terre. Saupoudrer de gruyère et couvrir d'une feuille de papier d'aluminium. Faire cuire au four environ 40 minutes.

4 Laisser gratiner en fin de cuisson et servir chaud, avec une salade verte bien relevée, ou en accompagnement d'une viande rôtie.

▪ POMMES DE TERRE À LA PARISIENNE

Coût : ★ Diff. : ▪
Préparation : 20 min
Cuisson : 35 min

POUR 4 PERSONNES

800 g de pommes de terre à
chair ferme
400 g de champignons de Paris
50 g d'échalotes
60 g de jambon blanc
2 cc de margarine
150 g de petites asperges en
conserve
5 brins de persil frisé
4 cc de crème fraîche
sel, poivre

LES PORTIONS

Pour 1 personne

10 Kcal

1 Éplucher et laver les pommes de terre. Les couper en fines tranches. Rincer les champignons sous l'eau froide. Ôter leur pied sableux. Les émincer finement. Éplucher et émincer les échalotes. Couper le jambon en dés.

2 Faire chauffer la moitié de la margarine dans une large poêle antiadhésive. Ajouter les échalotes, le jambon et les champignons. Faire revenir 10 minutes à feu moyen, en remuant. Réserver sur une assiette.

3 Ajouter le reste de la margarine dans la poêle et les pommes de terre. Faire revenir 5 minutes à feu vif, en les retournant plusieurs fois. Baisser le feu, mouiller avec 3 cuillères à soupe d'eau, saler, poivrer et laisser cuire 20 minutes, en remuant de temps en temps. Ajouter un peu d'eau si les pommes de terre se dessèchent.

4 Égoutter les petites asperges. Ajouter les champignons et le jambon dans les pommes de terre. Mélanger délicatement et rectifier l'assaisonnement. Disposer les asperges sur les pommes de terre. Verser la crème et décorer avec le persil haché. Laisser sur feu doux 2 minutes, le temps de réchauffer les asperges, et servir.

POMMES DE TERRE EN ROBE D'ARGENT

Coût : ★ Diff. : ■
Préparation : 5 min
Cuisson : 1 h à 1 h 15

POUR 4 PERSONNES

4 grosses pommes de terre
de 200 g chacune
10 cl de crème fraîche allégée
1 yaourt au lait entier
1/2 citron
sel, poivre
1 bouquet de persil

LES PORTIONS

Pour 1 personne

●

45 Kcal

1 Préchauffer le four th. 7 (210 °C). Laver et brosser les pommes de terre, puis les enfermer dans un carré de papier aluminium, en torsadant les extrémités pour former une papillote.

2 Les poser sur la grille au milieu du four. Les faire cuire 1 heure à 1 heure 15.

3 Mélanger la crème fraîche, le yaourt, le jus du demi-citron, le sel, le poivre et le persil.

4 Servir les pommes de terre en accompagnement d'une viande rôtie. Chacun ouvrira sa pomme de terre pour la napper de sauce à la crème (se déguste à la petite cuillère).

■ POMMES DE TERRE SURPRISE

Coût : ★ Diff. : ■
Préparation : 15 min
Cuisson : 1 h 15

POUR 4 PERSONNES

4 grosses pommes de terre
10 cl de crème fraîche allégée
2 jaunes d'œufs
1 blanc d'œuf
1/2 bouquet de ciboulette hachée
sel, poivre
1 pincée de noix de muscade

LES PORTIONS

Pour 1 personne

● ◖
25 Kcal

1 Préchauffer le four th. 6 (180 °C). Brosser les pommes de terre. Les envelopper dans une feuille de papier aluminium et les faire cuire 1 heure au four.

2 Les sortir du four et ouvrir la feuille d'aluminium pour laisser refroidir.

3 Couper un couvercle dans la longueur de chaque pomme de terre. Creuser l'intérieur de manière à laisser 1/2 cm de pulpe environ tout autour, en prenant soin de ne pas percer la peau.

4 Récupérer la pulpe. L'écraser à la fourchette. Ajouter la crème fraîche, les jaunes d'œufs, la ciboulette, le sel, le poivre et la muscade. Ajouter à cette préparation le blanc d'œuf battu en neige, délicatement.

5 Mettre les pommes de terre dans un plat à four. Les remplir de la purée légère. Faire cuire 15 minutes environ, jusqu'à ce que la purée soit gonflée et dorée.

Pour gagner du temps, on peut faire cuire au micro-ondes les pommes de terre, 20 à 25 minutes.

■ ROSACE DE POMMES DE TERRE

1 Éplucher les pommes de terre, les laver et les sécher. Les couper en rondelles très fines (elles doivent être transparentes, s'aider d'un robot ménager).

2 Partager les pommes de terre en 2. Dans une poêle antiadhésive de 20 cm environ, disposer la moitié des rondelles de pomme de terre. Elles doivent se chevaucher comme pour une tarte.

Coût : ★ Diff. : ■ ■
Préparation : 5 min
Cuisson : 15 à 20 min

POUR 4 PERSONNES

500 g de pommes de terre à chair ferme
4 cc de margarine
sel, poivre
persil, ail (facultatif)

LES PORTIONS

Pour 1 personne

3 Faire chauffer la poêle à feu vif. Dès que les pommes de terre commencent à dorer, baisser le feu, saler, poivrer. Ajouter 2 cuillères à café de margarine. Après 7 à 8 minutes de cuisson, glisser la rosace sur un plat, puis la retourner d'un coup dans la poêle pour cuire l'autre face environ 10 minutes sur feu doux.

4 Procéder de la même façon pour la deuxième rosace. Au moment de servir, vous pouvez saupoudrer les rosaces de persillade.

■ PURÉE DE POTIRON

Coût : ★ Diff. : ■
Préparation : 15 min
Cuisson : 20 min
(10 min à l'autocuiseur)

POUR 4 PERSONNES

600 g de potiron
400 g de pommes de terre
12,5 cl de lait écrémé
45 g de fromage fondu allégé
1 pincée de noix de muscade
sel, poivre

LES PORTIONS

Pour 1 personne

1 Éplucher le potiron et les pommes de terre. Les couper en cubes et les faire cuire 20 minutes à la vapeur, ou 10 minutes dans le panier-vapeur de l'autocuiseur, .

2 Faire tiédir le lait. Passer les légumes au presse-purée. Ajouter le lait et le fromage, mélanger sans battre pour obtenir un mélange homogène.

3 Saler et poivrer la purée, ajouter la muscade et servir très chaud. Si la purée a refroidi pendant la préparation, la réchauffer 2 minutes au micro-ondes ou 5 minutes au bain-marie. Accompagne les viandes blanches et volailles rôties, ainsi que le poisson.

■ POUSSES DE SOJA SAUTÉES À L'ANANAS

Coût : ★ Diff. : ■
Préparation : 15 min
Cuisson : 15 min

POUR 4 PERSONNES

600 g de pousses de soja frais
200 g d'ananas frais
100 g de poivron rouge
100 g de poivron vert
100 g d'oignons blancs
2 cc d'huile
4 cc de sauce soja
sel, poivre

LES PORTIONS

Pour 1 personne
🔵 🥢

🟢

1 Rincer les pousses de soja sous l'eau fraîche. Couper l'ananas en petits dés. Laver les poivrons et les couper en fines lanières. Éplucher et émincer les oignons.

2 Faire chauffer l'huile dans une large poêle anti-adhésive. Ajouter les oignons et les poivrons. Faire sauter 5 minutes à feu vif, en remuant. Ajouter le soja, faire revenir encore 5 minutes à feu moyen.

3 Verser la sauce soja. Saler et poivrer. Ajouter les dés d'ananas et laisser mijoter encore 5 minutes. Servir chaud avec du porc ou du poulet rôti.

■ TOMATES CONFITES AUX HERBES

1 Laver les tomates. Les couper en deux. Les épépiner et les enduire de gros sel. Les disposer dans une passoire, le côté salé vers le bas, pour qu'elles dégorgent. Les laisser ainsi au moins 2 heures.

Coût : ★ Diff. : ■
Préparation : 10 min
(+ 2 h d'attente)
Cuisson : 30 min

POUR 4 PERSONNES

1,2 kg de petites tomates bien mûres
gros sel
2 brins de thym
2 cc d' herbes de Provence
4 cc d'huile d'olive
2 gousses d'ail
2 biscottes
sel, poivre

LES PORTIONS

Pour 1 personne
🔵

🟢
20 Kcal

2 Préchauffer le four th. 7 (210 °C). Effeuiller le thym dans un petit bol. Ajouter les herbes de Provence. Verser l'huile, l'ail en petits morceaux et les biscottes écrasées. Travailler au mortier pour obtenir une pâte lisse. Saler et poivrer. Ajouter, si besoin, un peu d'eau.

3 Rincer et essuyer les demi-tomates. Les disposer sur un grand plat allant au four (ou sur la plaque à pâtisserie), en les espaçant les unes des autres.
Répartir le mélange à l'ail sur les tomates et faire cuire 20 minutes à four chaud. Diminuer la chaleur du four (th. 4 - 120 °C) et poursuivre la cuisson 10 minutes.

4 Servir les tomates chaudes, en accompagnement de viandes rôties ou de poissons, ou à température ambiante, en entrée.

■BOULGHOUR SAUTÉ AUX POIVRONS

1 Porter à ébullition 50 cl d'eau salée. Ajouter le boulghour et faire cuire 10 minutes à petit feu, puis laisser reposer 10 minutes.

2 Émincer les oignons et couper les poivrons en fines lanières. Faire chauffer l'huile dans une poêle anti-adhésive, ajouter les oignons et les poivrons. Faire revenir 10 minutes à feu moyen, en remuant. Saler et poivrer.

3 Ajouter le boulghour dans la poêle, ainsi que les câpres et les olives. Faire revenir encore 5 minutes et servir.

Coût : ★ Diff. : ■
Préparation : 15 min
Cuisson : 25 min
(+ 10 min d'attente)

POUR 4 PERSONNES

240 g de boulghour (blé concassé)
200 g d'oignons blancs
200 g de poivrons verts
200 g de poivrons jaunes
2 cc d'huile d'olive
2 cc de câpres
12 olives vertes dénoyautées
sel, poivre

LES PORTIONS

Pour 1 personne

15 Kcal

Coût : ★ Diff. : ■
Préparation : 25 min
Cuisson : 65 min

POUR 4 PERSONNES

600 g de vert de blettes
1/2 barquette de Saint-Moret
allégé
1 verre de lait écrémé (non
consommé)
60 g de haddock
140 g de cabillaud
240 g de cannelloni
600 g de tomates pelées (ou
1 grosse boîte)
2 cc d'huile d'olive
2 brins de basilic
60 g de gruyère allégé râpé
sel, poivre

LES PORTIONS

Pour 1 personne
🌑

🌕 🌕 🌕 🌕

■ CANNELLONI AUX DEUX POISSONS

1 Laver les blettes, les égoutter et les couper grossièrement. Les faire cuire dans une casserole, sans
eau, 10 minutes à feu très doux, en les surveillant.
Saler en fin de cuisson. Les hacher et ajouter le Saint-
Moret.

2 Porter à ébullition le verre de lait et 1 verre d'eau.
Poivrer mais ne pas saler. Baisser le feu et déposer
les poissons dans le liquide frémissant. Couvrir,
éteindre le feu et laisser pocher 10 minutes. Égoutter
soigneusement les poissons, ôter éventuellement les
arêtes et émietter la chair.

3 Mélanger le hachis de blettes et le poisson. Farcir
les cannelloni à l'aide de ce mélange. Ranger les
cannelloni dans un plat à gratin. Préchauffer le four th. 7 (210 °C).

4 Couper les tomates en dés. Faire chauffer l'huile dans une large poêle. Ajouter
les tomates et le basilic. Faire réduire 10 minutes à feu vif. Verser la sauce dans
le plat, puis saupoudrer de gruyère râpé. Faire cuire 35 minutes au four. Servir
chaud.

■ COURGETTES FARCIES À LA POLENTA

Coût : ★ Diff. : ■
Préparation : 20 min
Cuisson : 50 min

POUR 4 PERSONNES

4 courgettes (4 x 150 g)
80 g de semoule de maïs
(polenta)
60 g de jambon blanc maigre
1/2 barquette de Saint-Moret
allégé
5 brins de ciboulette
300 g de tomates pelées
2 cc d'huile d'olive
30 g de gruyère allégé râpé
sel, poivre

LES PORTIONS

Pour 1 personne
🔵
◯ 🍷 🥛

1 Laver les courgettes. Les couper en deux dans le sens de la longueur. Les évider à l'aide d'une petite cuillère.

2 Faire cuire la polenta à l'eau bouillante salée (3 minutes environ, selon les indications inscrites sur l'emballage). Laisser tiédir dans un saladier. Hacher la chair des courgettes, le jambon et la ciboulette. Mêler le Saint-Moret, le gruyère râpé et le hachis à la polenta tiède. Rectifier l'assaisonnement.

3 Couper les tomates en dés. Faire chauffer l'huile dans une large cocotte. Ajouter les tomates, saler et poivrer. Faire cuire 10 minutes à feu vif, en remuant.

4 Remplir les courgettes de farce. Les disposer sur la sauce tomate, dans la cocotte. Couvrir et faire mijoter à feu doux pendant 35 minutes. Servir chaud ou tiède.

■ COUSCOUS AU POULET

Coût : ★ Diff. : ■
Préparation : 20 min
Cuisson : 60 min

POUR 4 PERSONNES

1 gros oignon
2 courgettes
1/2 poivron
1 aubergine
1 poireau
2 ou 3 tomates
1 gousse d'ail
2 cc d'épices « Ras-el-Hanout »
120 g de pois chiches cuits
400 g d'escalopes de poulet
160 g de semoule moyenne
harissa
sel, poivre

LES PORTIONS

Pour 1 personne
🔵
◯ ◯

1 Laver les légumes. Émincer l'oignon, les courgettes et l'aubergine. Couper le poireau en petits tronçons et les tomates en dés. Déposer les légumes, l'ail et les épices pour couscous dans une cocotte à fond épais. Saler, poivrer et faire cuire 40 minutes à feu doux.

2 Couper les escalopes de poulet en petits morceaux. Faire chauffer une poêle antiadhésive et y déposer le poulet. Faire revenir sur toutes les faces, à feu vif, pendant 10 minutes. Saler et poivrer.

3 Porter à ébullition 1 verre d'eau salée, ajouter la semoule et laisser gonfler pendant 5 minutes. Égrener la semoule à la fourchette et la maintenir au chaud. Diluer la harissa dans un demi-verre du jus des légumes.

4 Verser les pois chiches et le poulet dans les légumes et laisser mijoter à feu doux 5 minutes. Servir très chaud, accompagné de semoule et de harissa.

◼ FLAGEOLETS AUX BOULETTES DE SEMOULE

1 Égoutter et rincer les flageolets. Porter à ébullition 15 cl d'eau salée. Ajouter la semoule et laisser cuire 2 minutes, en remuant. Verser la semoule cuite dans un bol et laisser tiédir.

2 Laver les légumes. Éplucher l'oignon. Émincer l'oignon, les poivrons, le fenouil et couper les tomates en dés. Faire chauffer l'huile dans une large poêle antiadhésive. Ajouter l'ail, le faire dorer 1 minute à feu doux. Verser les légumes, le thym et le piment. Saler, couvrir et faire cuire 15 minutes à feu doux.

3 Pendant ce temps, préparer des boulettes de la taille d'une noisette avec la polenta refroidie. Les réserver sur une assiette.

4 Lorsque les légumes sont tendres, ajouter les flageolets et laisser mijoter 5 minutes à feu doux. Ajouter en dernier les boulettes de polenta, laisser réchauffer 5 minutes à feu doux sans remuer et servir.

Coût : ★ Diff. : ◼ ◼
Préparation : 25 min
Cuisson : 30 min

POUR 4 PERSONNES

480 g de flageolets cuits (en conserve ou sous vide)
80 g de semoule de maïs (polenta)
100 g d'oignons
150 g de poivrons
150 g de fenouil
400 g de tomates
2 cc d'huile d'olive
2 gousses d'ail
1 brin de thym
1 pincée de piment en poudre (facultatif)
sel

LES PORTIONS

Pour 1 personne

🍤

🌀 💧 MG

Coût : ★ Diff. : ◼
Préparation : 10 min
Cuisson : 20 min

POUR 4 PERSONNES

480 g de flageolets cuits (en conserve ou sous-vide)
100 g d'oignons
1 gousse d'ail
120 g de jambon fumé dégraissé
2 cc d'huile d'olive
200 g de tomates pelées
1 brin de thym
4 brins de persil
sel, poivre

LES PORTIONS

Pour 1 personne

🌀 MG

💧

◼ FLAGEOLETS MIJOTÉS À LA TOMATE

1 Égoutter les flageolets et les rincer. Éplucher les oignons et l'ail, puis les émincer. Couper le jambon en très petits dés.

2 Faire chauffer l'huile dans une large poêle antiadhésive. Ajouter les oignons, l'ail et le jambon. Faire revenir 10 minutes à feu doux, ou jusqu'à ce que les ingrédients soient bien dorés.

3 Ajouter les flageolets et les tomates coupées en dés. Saler, poivrer, ajouter le thym. Couvrir et laisser mijoter 10 minutes à feu moyen, en remuant de temps en temps. Servir chaud, décoré de persil haché.

■ GALETTES DE FLOCONS D'AVOINE

1 Verser les flocons d'avoine dans un saladier. Ajouter le lait et laisser gonfler pendant 10 minutes.

2 Éplucher l'oignon et les champignons. Les hacher finement, ainsi que le persil et la ciboulette. Faire chauffer 1 cuillère à café d'huile dans une poêle anti-adhésive. Ajouter le hachis de légumes et faire dorer 5 minutes, en remuant.

3 Mêler les légumes aux flocons d'avoine. Saler, poivrer et mélanger. Ajouter l'œuf entier et travailler encore quelques instants.

4 Diviser le mélange en boulettes de la taille d'un abricot, puis les aplatir. Faire chauffer le reste de l'huile dans une large poêle antiadhésive. Déposer les galettes et les faire dorer 5 minutes sur chaque face. Servir chaud, avec de la salade verte.

Coût : ★ Diff. : ■
Préparation : 20 min
(+ 10 min d'attente)
Cuisson : 15 min

POUR 4 PERSONNES

240 g de flocons d'avoine précuits
25 cl de lait écrémé
100 g d'oignons
200 g de champignons
5 brins de persil
5 brins de ciboulette
1 œuf
2 cc d'huile
sel, poivre

LES PORTIONS

Pour 1 personne
● ● 🄜

■ GNOCCHI DE SEMOULE À LA PIPERADE

Coût : ★ Diff. : ■ ■
Préparation : 35 min
Cuisson : 35 min

POUR 4 PERSONNES

240 g de semoule de maïs (polenta)
60 g de gruyère allégé râpé
150 g d'oignons
1 gousse d'ail
150 g de poivrons verts
500 g de tomates bien mûres
2 cc d'huile d'olive
1 brin de thym
1/2 feuille de laurier
sel, poivre

LES PORTIONS

Pour 1 personne
🄑
● ● 🄜

1 Porter à ébullition 50 cl d'eau salée. Ajouter la semoule et faire cuire 3 minutes, en remuant sans arrêt. Incorporer à la semoule chaude la moitié du fromage râpé. Verser le mélange sur le plan de travail ou dans un grand moule antiadhésif. L'étaler sur une épaisseur d'un centimètre environ et lisser la surface à l'aide d'une spatule. Laisser refroidir complètement.

2 Pendant ce temps, éplucher les oignons et l'ail. Émincer les oignons, l'ail, les poivrons et couper les tomates en petits morceaux. Faire chauffer l'huile dans une casserole à fond épais. Ajouter les oignons, l'ail et les poivrons émincés. Faire revenir 5 minutes à feu moyen, en remuant. Ajouter les tomates, le thym et le laurier et laisser mijoter 10 minutes, en remuant de temps en temps. Saler et poivrer.

218

3 Préchauffer le four th. 7 (210 °C).

3 Découper dans la semoule froide des formes de votre choix, à l'aide d'un verre ou d'un emporte-pièce. On peut également découper des losanges avec un couteau de cuisine : c'est encore plus rapide.

4 Disposer la polenta dans un grand plat allant au four. Recouvrir de sauce piperade et saupoudrer de gruyère râpé. Faire gratiner environ 15 minutes à four chaud et servir.

■ GRATIN DE PENNE AUX FROMAGES

Coût : ★ Diff. : ■
Préparation : 10 min
Cuisson : 30 min
POUR 4 PERSONNES
160 g de penne (pâtes courtes cannelées) ou macaroni
100 g de ricotta ou de brousse allégée
2 œufs
12, 5 cl de lait écrémé
1 pincée de noix de muscade
3 tomates bien mûres
30 g de gruyère râpé
sel, poivre
LES PORTIONS
Pour 1 personne
● ●
35 Kcal

1 Porter à ébullition 2 litres d'eau salée. Préchauffer le four th. 7 (210 °C).
Jeter les pâtes dans l'eau bouillante et faire cuire à feu vif environ 10 minutes, en les gardant fermes. Les égoutter immédiatement.

2 Verser dans un grand bol la ricotta, ajouter les œufs entiers et le lait. Mélanger à l'aide d'une fourchette. Saler, poivrer et assaisonner muscade. Couper les tomates en petits dés, les égoutter sur du papier absorbant pour ôter l'excès d'eau.

3 Mélanger dans un saladier les pâtes, les tomates et le mélange ricotta-œufs. Rectifier l'assaisonnement. Verser dans un large plat allant au four. Saupoudrer de gruyère râpé et enfourner.

4 Faire cuire 20 minutes au four. Servir chaud, accompagné d'une salade verte bien relevée.

■ HARICOTS BLANCS EN SALADE COMPLÈTE

Coût : ★ Diff. : ■
Préparation : 15 min
Cuisson : 12 min

POUR 4 PERSONNES

1 œuf
360 g de haricots blancs cuits
(en conserve)
150 g de maïs (en conserve)
150 g de céleri
150 g de tomates
4 bâtonnets de surimi
2 cc de moutarde forte
50 g de fromage blanc à 10 %
2 cc d'huile
2 cc de vinaigre
4 brins de cerfeuil
sel, poivre

LES PORTIONS

Pour 1 personne

1 Faire cuire l'œuf 12 minutes à l'eau bouillante. Le passer sous l'eau froide et l'écaler.
Rincer puis égoutter les haricots et le maïs.

2 Couper le céleri en tronçons d'un centimètre de long, la tomate en dés et le surimi en tranches.

3 Battre dans un bol la moutarde, le fromage blanc, l'huile et le vinaigre. Ajouter du sel, du poivre et du cerfeuil ciselé.

4 Disposer dans un saladier les haricots, le maïs, les tomates, le céleri et le surimi.
Couper l'œuf en tranches, les ajouter sur la salade et assaisonner de sauce.

■ HARICOTS ROUGES À LA MEXICAINE

Coût : ★ Diff. : ■
Préparation : 15 min
Cuisson : 35 min

POUR 4 PERSONNES

100 g d'oignons
200 g de poivrons rouges
300 g de tomates pelées
2 cc d'huile d'olive
160 g de steak haché à 5 %
1 cc de purée de piment
1 gousse d'ail
360 g de haricots rouges cuits
(en conserve ou sous vide)
150 g de maïs en conserve
sel

LES PORTIONS

Pour 1 personne

1 Éplucher l'oignon et les poivrons, puis les émincer Couper les tomates en dés.

2 Faire chauffer l'huile dans une large poêle anti-adhésive. Ajouter la viande, la faire revenir 5 minutes à feu vif, en remuant. Verser les oignons, les tomates, les poivrons, l'ail et le piment. Saler, puis laisser mijoter 20 minutes à feu doux.

3 Ajouter les haricots rouges et le maïs, laisser cuire 10 minutes supplémentaires et servir très chaud.

PURÉE DE HARICOTS ROUGES AUX OIGNONS

1 Faire tiédir les haricots dans une casserole, avec le jus de la boîte.

2 Éplucher et émincer les oignons. Faire chauffer l'huile dans une poêle antiadhésive. Ajouter les oignons. Les faire fondre 10 minutes à feu très doux, en remuant. Ajouter, si besoin, 2 cuillères d'eau.

3 Égoutter les haricots, les verser dans la poêle avec les oignons revenus. Laisser mijoter 5 minutes. Mixer les légumes très finement (ou les passer au moulin à légumes).

4 Ajouter la crème, saler, poivrer et servir très chaud, avec du persil haché.

Coût : ★ Diff. : ■
Préparation : 10 min
Cuisson : 15 min
POUR 4 PERSONNES
600 g de haricots rouges cuits (en conserve ou sous-vide)
150 g d'oignons
1 cc d'huile d'olive
4 cc de crème fraîche
5 brins de persil
sel, poivre
LES PORTIONS
Pour 1 personne
10 Kcal

LENTILLES AUX PETITS LÉGUMES

Coût : ★ Diff. : ■
Préparation : 15 min
Cuisson : 25 min
POUR 4 PERSONNES
240 g de lentilles cuites
250 g de petits champignons de Paris
250 g de carottes
200 g de navets
200 g de petits oignons blancs
1 cube de bouillon
1 brin de thym
1/2 feuille de laurier
10 brins de persil frisé
LES PORTIONS
Pour 1 personne
5 Kcal

1 Égoutter les lentilles et les rincer. Laver les légumes. Ôter le pied sableux des champignons. Éplucher les carottes, les navets et les oignons. Couper les carottes et les navets en dés.

2 Porter 2 verres d'eau à ébullition dans une cocotte à fond épais. Ajouter le bouillon, le thym et le laurier. Verser dans le liquide bouillant les légumes découpés, les oignons et les champignons. Laisser cuire 15 minutes à petite ébullition.

3 Verser les lentilles et 5 brins de persil dans la cocotte et laisser mijoter encore 10 minutes. Servir chaud, saupoudré avec le reste du persil haché.

LENTILLES TIÈDES AU SAUMON FUMÉ

Coût : ★ ★   Diff. : ■
Préparation : 15 min
Cuisson : 10 min

POUR 4 PERSONNES

480 g de lentilles cuites
sous vide
120 g de saumon fumé
100 g d'oignons blancs
2 brins d'aneth
1 brin d'estragon
1 cc de moutarde forte
2 cc de moutarde de Meaux
2 cc de vinaigre de framboise
2 cc d'huile de soja
sel, poivre

LES PORTIONS

Pour 1 personne

1 Verser les lentilles dans une casserole et les laisser tiédir 10 minutes à feu très doux. Émincer le saumon fumé en fines lanières. Hacher les oignons, l'aneth et l'estragon.

2 Battre dans un petit bol les moutardes, le vinaigre et l'huile. Saler et poivrer.

3 Disposer dans le plat de service les lentilles chaudes et le saumon. Ajouter le hachis d'oignons, la sauce et mélanger.

ORGE PERLÉE AUX LÉGUMES CROQUANTS

1 Porter à ébullition 1 litre d'eau additionnée du bouillon. Ajouter l'orge et laisser cuire 5 à 10 minutes à petits bouillons (selon les indications inscrites sur l'emballage). Égoutter l'orge en conservant 1 verre du liquide de cuisson.

Coût : ★   Diff. : ■
Préparation : 20 min
Cuisson : 20 min

POUR 4 PERSONNES

1 cube de bouillon de volaille
160 g d'orge perlée
100 g de chou-fleur
100 g de champignons de Paris
100 g de poivron vert
100 g de céleri en branche
100 g de pousses de soja
100 g de courgette
2 gousses d'ail
2 cc d'huile d'olive
4 brins de persil
4 brins de ciboulette
sel, poivre

LES PORTIONS

Pour 1 personne

5 Kcal

2 Laver les légumes. Séparer le chou-fleur en petits bouquets, émincer les champignons, le poivron et les courgettes. Couper le céleri en petits tronçons. Éplucher l'ail.

3 Faire chauffer l'huile dans une large poêle anti-adhésive. Ajouter l'ail et tous les autres légumes, saler et poivrer. Faire sauter 5 minutes à feu moyen, en remuant. Ajouter l'orge et faire revenir encore pendant 3 minutes.

4 Servir chaud, assaisonné de persil et de ciboulette ciselés.

■ PIL-PIL
AUX CAROTTES

Coût : ★ Diff. : ■
Préparation : 5 min
Cuisson : 35 min
(20 min à l'autocuiseur)

POUR 4 PERSONNES

240 g de pil-pil (blé concassé)
300 g de carottes
100 g d'échalotes
200 g de blanc de poireau
1 cube de bouillon de légumes
1 brin de thym
5 brins de cerfeuil

LES PORTIONS

Pour 1 personne

5 Kcal

1 Faire cuire le pil-pil comme indiqué sur l'emballage : en général, à l'eau, 10 minutes à feu doux. Laisser reposer pendant la préparation des légumes.

2 Éplucher et laver les carottes. Les couper en fines rondelles. Émincer les échalotes. Laver les poireaux et les couper en petits tronçons.

3 Verser les légumes dans une cocotte, couvrir d'eau chaude, ajouter le bouillon et le thym. Porter à ébullition et faire cuire 20 minutes à feu doux (ou 7 minutes à l'autocuiseur). Ôter l'excédent de liquide, si besoin.

4 Verser le pil-pil dans la cocotte, mélanger délicatement. Rectifier l'assaisonnement, ôter le thym. Laisser mijoter 5 minutes, saupoudrer de cerfeuil et servir chaud.

POMMES DE TERRE FARCIES AU THON

Coût : ★ Diff. : ■ ■
Préparation : 25 min
Cuisson : 30 min

POUR 4 PERSONNES

8 pommes de terre (800 g)
1 œuf
180 g de thon en conserve au naturel
150 g de céleri-rave
150 g d'oignons blancs
5 brins de persil
5 brins de ciboulette
1 brin de menthe
100 g de fromage blanc à 0 %
2 cc de moutarde forte
2 cs de jus de citron
sel, poivre

LES PORTIONS

Pour 1 personne
● ●

10 Kcal

1 Faire cuire les pommes de terre à l'eau bouillante salée pendant 20 minutes. Les égoutter et les éplucher. Cuire également l'œuf 10 minutes dans l'eau bouillante. Le passer sous l'eau fraîche et l'écaler. Égoutter le thon.

2 Éplucher le céleri et les oignons. Hacher les oignons et les herbes. Râper le céleri.

3 Creuser délicatement les pommes de terre à l'aide d'une cuillère et couper la chair récupérée en petits cubes. Mélanger dans un saladier le thon émietté, l'œuf haché, le céleri, les oignons et les dés de pommes de terre.

4 Battre le fromage blanc, la moutarde, le citron et les herbes. Saler et poivrer.

5 Verser la sauce dans le mélange de thon et de pommes de terre. Farcir les pommes de terre creusées de ce mélange. Les disposer sur 4 assiettes, entourées du reste de la farce. Servir frais mais pas glacé.

POMMES DE TERRE ET PETITS POIS AU CURRY

1 Éplucher et laver les pommes de terre. Les couper en gros cubes. Éplucher l'oignon et l'émincer, ainsi que l'ail et la pomme. Faire décongeler les épinards 3 minutes au micro-ondes (ou dans une casserole, 10 minutes à feu doux). Rincer les raisins à l'eau tiède.

2 Faire chauffer l'huile dans une cocotte à fond épais. Ajouter les oignons, l'ail et la pomme. Faire dorer 5 minutes à feu moyen, en remuant.

3 Verser les pommes de terre, les petits pois, les épinards et les raisins. Mélanger, mouiller avec un demi-verre d'eau tiède. Saler, poivrer, saupoudrer de curry et couvrir. Laisser mijoter à feu doux pendant 35 minutes. Servir chaud.

Excellent accompagné de galettes de lentilles indiennes (rayon exotique des grandes surfaces).

Coût : ★ Diff. : ■
Préparation : 20 min
Cuisson : 50 min
(45 min au micro-ondes)

POUR 4 PERSONNES

500 g de pommes de terre
150 g d'oignons
1 gousse d'ail
100 g de pomme acidulée
150 g d'épinards hachés surgelés
300 g de petits pois surgelés ou frais
30 g de raisins secs
2 cc d'huile d'olive
2 cc de curry doux
sel, poivre

LES PORTIONS

Pour 1 personne

■RIZ COMPLET ET LENTILLES À L'INDIENNE

1 Laver le riz sous l'eau fraîche. Le faire cuire à l'eau bouillante salée pendant 16 minutes, en le gardant un peu ferme. Égoutter et laisser en attente.

2 Ouvrir le sachet de lentilles, les rincer et les égoutter. Éplucher et émincer les oignons. Couper le poivron en lamelles et les tomates en dés.

3 Faire chauffer l'huile dans une cocotte à fond épais. Ajouter les oignons et les poivrons, les faire revenir 3 minutes à feu moyen, en remuant. Verser les tomates et le curry. Couvrir et laisser mijoter 15 minutes.

4 Ajouter les lentilles et le riz et mélanger délicatement. Rectifier l'assaisonnement et laisser mijoter 5 minutes à feu doux. Servir chaud.

Coût : ★ Diff. : ■
Préparation : 15 min
Cuisson : 40 min

POUR 4 PERSONNES

160 g de mélange de riz
et riz sauvage (riz noir)
240 g de lentilles cuites
sous vide
150 g d'oignons blancs
150 g de poivron vert
300 g de tomates pelées
en conserve
2 cc de curry fort
2 cc d'huile d'olive

LES PORTIONS

Pour 1 personne

■SPAGHETTI AUX CREVETTES

1 Éponger les crevettes et les noix de pétoncles. Faire fondre la margarine dans une poêle. Ajouter les crevettes et les pétoncles. Les faire dorer 5 minutes à feu très doux. Mouiller avec la vodka et faire flamber.

2 Verser dans la poêle la crème et le concentré de tomate. Mélanger et laisser mijoter 1 minute. Retirer du feu et garder au chaud. Effeuiller le cerfeuil.

3 Porter à ébullition 3 litres d'eau salée. Y jeter les pâtes et les faire cuire 8 à 10 minutes, en les gardant un peu fermes. Égoutter et verser immédiatement dans un plat chaud. Ajouter la sauce et servir aussitôt, décoré de cerfeuil.

Coût : ★ ★ Diff. : ■
Préparation : 15 min
Cuisson : 15 min

POUR 4 PERSONNES

240 g de crevettes décortiquées
(environ 500 g brut)
280 g de noix de pétoncles
fraîches ou surgelées
2 cc de margarine
4 cc de vodka
4 cs rases de crème fraîche
1 cc de concentré de tomate
240 g de spaghetti
3 brins de cerfeuil

LES PORTIONS

Pour 1 personne

35 Kcal

ABRICOTS AU CIDRE MERINGUÉS

1 Couper les abricots en 2, les dénoyauter, puis les ranger dans un plat allant au four, la partie bombée au fond.

2 Saupoudrer de cannelle, vanille et gingembre. Arroser de cidre. Laisser macérer pendant 1 heure, avec un couvercle sur le plat.

3 Dans une terrine placée au bain-marie, battre les blancs d'œufs avec le sucre jusqu'à ce que la meringue devienne ferme et brillante.

4 Déposer cette préparation sur les abricots.

5 Passer 10 minutes à four très vif pour faire dorer. Servir très frais.

Coût : ★ ★ Diff. : ■
Préparation : 15 min
Cuisson : 10 min

POUR 4 PERSONNES

8 gros abricots
12,5 cl de cidre
8 cc de sucre glace
3 blancs d'œufs
1 gousse de vanille
1 pincée de cannelle en poudre
1 pincée de gingembre en poudre
1 pincée de vanille en poudre

LES PORTIONS

Pour 1 personne

70 Kcal

ABRICOTS SURPRISE

1 Dans un bol, mélanger les petits-suisses, la crème fraîche et 2 cuillères à café d'édulcorant. Mixer pour obtenir une crème bien lisse.

Coût : ★ ★ Diff. : ■
Préparation : 10 min

POUR 4 PERSONNES

4 petits-suisses à 20 %
(4 x 30 g)
4 cc de crème fraîche
4 cc d'édulcorant
12 gros abricots frais (ou en boîte, au naturel)
1 pincée de cannelle

LES PORTIONS

Pour 1 personne

10 Kcal

2 Couper les abricots en 2 et les dénoyauter.

3 Faire un coulis : mixer 6 abricots (les plus mûrs) avec les 2 cuillères à café d'édulcorant restantes.

4 Prendre 4 assiettes à dessert et répartir la crème aux petits-suisses.

5 Disposer 3 oreillons d'abricots au centre de chaque assiette.

6 Arroser avec le coulis.

7 Saupoudrer d'un soupçon de cannelle.

8 Servir bien frais.

■ BANANES EN PEAU D'ARGENT

1 Préchauffer le four th. 7 (210 °C).

2 Fendre les gousses de vanille sur toute leur longueur et les couper en 2.

3 Partager les bananes en 2 dans le sens de la longueur. Les arroser du jus de citron pour qu'elles ne noircissent pas.

4 Dans un carré de papier aluminium, déposer une demi-banane, 1 morceau de vanille, 1 cuillère à café de sucre et une autre demi-banane. Replier soigneusement la feuille de papier aluminium, sans serrer.

5 Ranger les papillotes dans un plat et enfourner à mi-hauteur pendant 15 minutes.

6 Présenter les bananes tièdes dans leur « peau d'argent » entrouverte.

Coût : ★ Diff. : ■
Préparation : 5 min
Cuisson : 15 min
POUR 4 PERSONNES
4 bananes pelées (4 x 100 g)
2 gousses de vanille
1 citron
4 cc de sucre
LES PORTIONS
Pour 1 personne
🍰
20 Kcal

■ BISCUIT DE SAVOIE AUX FRUITS EXOTIQUES

1 Préchauffer le four th. 5 (150 °C).
Séparer les jaunes d'œufs des blancs. Travailler les jaunes d'œufs avec le sucre et le fromage blanc, pour obtenir un mélange très lisse et mousseux. Ajouter la farine et la Maïzena. Mélanger soigneusement. Battre les blancs en neige très ferme, puis les incorporer délicatement à la préparation précédente.

2 Verser la pâte dans un moule à manqué et faire cuire 15 minutes à four doux. Démouler le gâteau quand il est cuit et le laisser refroidir.

3 Éplucher les fruits et les couper en tranches fines. Verser le jus d'orange sur le gâteau, puis disposer les fruits dessus, en alternant les couleurs. Saupoudrer d'édulcorant et servir rapidement.

Coût : ★ ★ Diff. : ■ ■
Préparation : 20 min
Cuisson : 15 min
POUR 4 PERSONNES
2 œufs
3 blancs d'œufs
90 g de farine
30 g de Maïzena
8 cc de sucre
50 g de fromage blanc à 0 %
150 g d'ananas
100 g de kiwis
150 g de mangue
12, 5 cl de jus d'orange
4 cs d'édulcorant en poudre
LES PORTIONS
Pour 1 personne
🍰
⬤ 🌓
45 Kcal

■ BLANC-MANGER
AUX FRUITS D'AUTOMNE

Coût : ★ ★ Diff. : ■
Préparation : 20 min

POUR 4 PERSONNES

400 g de fromage blanc à 10 %
8 cc de crème fraîche allégée
8 cc de sucre en poudre
1 cc de vanille en poudre
1 grosse poire (150 g)
1 figue (100 g)
3 prunes (100 g)
6 grains de raisin (50 g)
200 g de framboises
1/2 citron
2 cc d'édulcorant
4 feuilles de gélatine
1 pincée de vanille en poudre

LES PORTIONS

Pour 1 personne

55 Kcal

1 Faire ramollir les feuilles de gélatine dans un peu d'eau froide, puis les dissoudre dans un sirop fait avec le sucre et 3 cl d'eau.

2 Verser ce sirop dans le fromage blanc. Mélanger. Ajouter la poire et les prunes pelées et coupées en dés.

3 Battre la crème fraîche en chantilly et l'incorporer délicatement au mélange.

4 Verser dans un moule rond et faire prendre au réfrigérateur.

5 Faire un coulis : mixer les framboises avec le jus de citron, tamiser, ajouter l'édulcorant. Mélanger.

6 Démouler le blanc-manger, napper le dessus de coulis. Décorer avec la figue ouverte entourée des grains de raisin. Saupoudrer de vanille autour des fruits.

■CHAUSSONS POMME-CANNELLE

Coût : ★ Diff. : ■
Préparation : 30 min
Cuisson : 40 min

POUR 4 PERSONNES

120 g de farine
1 cc de levure chimique
100 g de fromage blanc à 0 %
1 cc d'huile
sel
3 pommes (400 g net)
1 pincée de cannelle
4 cs d'édulcorant en poudre
2 cs de lait
2 cc de sucre en poudre

LES PORTIONS

Pour 1 personne

🍞

⚪

25 Kcal

1 Mélanger la farine, la levure, 1 pincée de sel, le fromage blanc, 1 cuillère à soupe d'eau tiède et l'huile. Travailler la pâte lentement pour incorporer tous les ingrédients progressivement. Rouler la pâte en boule et la laisser reposer. Préchauffer le four th. 6 (180 °C).

2 Éplucher les pommes, ôter le cœur et les couper en dés. Les faire cuire dans une casserole, sans eau, pendant 15 minutes. Ajouter la cannelle et l'édulcorant en poudre.

3 Étaler la pâte très finement, en carré. Diviser ce carré en 4 parts égales.
Répartir la compote de pommes sur les 4 portions de pâte, puis les plier en 2 pour obtenir des chaussons. Souder les bords avec un peu d'eau, en pressant fortement.

4 Déposer les chaussons sur une plaque à pâtisserie antiadhésive. Les badigeonner de lait à l'aide d'un pinceau, puis les saupoudrer de sucre. Les faire cuire 25 minutes au four. Les laisser refroidir sur une grille et déguster tiède ou froid.

Coût : ★ ★ Diff. : ■ ■
Préparation : 40 min
Cuisson : 20 min

POUR 4 PERSONNES

120 g de pâte brisée du commerce
200 g de framboises
8 biscuits à la cuillère (80 g)
8 cc de margarine allégée
400 g de fromage blanc à 0 %
2 pincées de sel
8 cs d'édulcorant
2 œufs
2 blancs d'œufs
40 g de Maïzena

LES PORTIONS

Pour 1 personne

🧈 🌾 🥛

⚫ + 150 Kcal

■CHEESE CAKE AUX FRAMBOISES

1 Passer la moitié des framboises dans une centrifugeuse. Filtrer le jus recueilli pour enlever les pépins. Réserver.

2 Faire tremper les biscuits à la cuillère dans le jus de fruit pour les imbiber.

3 Étaler la pâte à tarte, en foncer un moule. Tapisser le fond de la tarte avec les biscuits.

4 Mélanger énergiquement la margarine et le fromage blanc avec l'édulcorant, le sel et les œufs entiers.

5 Battre les blancs en neige. Ajouter la Maïzena tamisée. Remuer délicatement pour ne pas faire retomber les blancs.

6 Incorporer les blancs à la préparation.

7 Verser l'ensemble sur le fond de tarte en lissant vers le centre.

8 Mettre au four th. 6 (180 °C) pendant 20 minutes, jusqu'à ce que le dessus soit bien doré.

9 Une fois refroidi, incruster le reste des framboises sur la tarte.
Réserver au frais avant de servir.

■ CLAFOUTIS AUX MYRTILLES

Coût : ★ ★ Diff. : ■
Préparation : 10 min
Cuisson : 40 min

POUR 4 PERSONNES

400 g de myrtilles
4 œufs
50 cl de lait écrémé
4 cs d'édulcorant cuisson
80 g de farine
2 cc de margarine

LES PORTIONS

Pour 1 personne
●
● ◐ MG ⓖ

1 Graisser 4 ramequins.

2 Répartir les myrtilles équeutées et lavées.

3 Dans une jatte, battre les œufs, ajouter la farine, mélanger. Ajouter le lait peu à peu, puis l'édulcorant. Mélanger.

4 Verser ce mélange sur les myrtilles.

5 Faire cuire 40 minutes au four th. 6 (180 °C). Servir tiède.

■ CLAFOUTIS AUX REINES-CLAUDES

Coût : ★ Diff. : ■
Préparation : 20 min
Cuisson : 25 min

POUR 4 PERSONNES

80 g de farine
1 cc de levure chimique
50 cl de lait écrémé
2 œufs
5 gouttes d'extrait d'amande amère
1 sachet de sucre vanillé
500 g de reines-claudes (400 g net)
4 cs d'édulcorant en poudre

LES PORTIONS

Pour 1 personne

10 Kcal

1 Verser la farine et la levure dans un saladier. Faire un puits et ajouter les œufs, puis le lait, progressivement. Travailler la pâte à l'aide d'un fouet à main, pour obtenir une pâte homogène. Ajouter le sucre vanillé, la moitié de l'édulcorant et l'extrait d'amande.

2 Préchauffer le four th. 5 (200 °C).
Couper les prunes en 2 et les dénoyauter. Les disposer dans un plat allant au four, la partie bombée vers le haut.

3 Verser doucement la pâte sur les fruits. Faire cuire 25 minutes au four. Si le gâteau n'est pas assez doré, le passer sous le gril quelques instants. Saupoudrer avec le reste de l'édulcorant et servir tiède.

■ CRÈME ANGLAISE AUX GROSEILLES À MAQUEREAU

Coût : ★ ★ Diff. : ■
Préparation : 20 min
Cuisson : 15 min

POUR 4 PERSONNES

1 l de lait écrémé
6 jaunes d'œufs
1 gousse de vanille
8 cc d'édulcorant
1 feuille 1/2 de gélatine
200 g de groseilles à maquereau

LES PORTIONS

Pour 1 personne

5 Kcal

1 Faire tremper la gélatine dans un peu d'eau.

2 Avec des ciseaux, enlever la queue et l'œil de chaque groseille. Les couper en petits morceaux.

3 Dans une casserole, faire bouillir le lait avec la gousse de vanille fendue en 2. Laisser infuser 10 minutes.

4 Dans un saladier, battre les jaunes avec l'édulcorant. Verser le lait petit à petit en fouettant vivement.

5 Dans une casserole, faire chauffer le mélange à feu doux, sans laisser bouillir et en remuant sans arrêt avec une cuillère en bois.

6 Mettre la casserole dans un récipient d'eau froide pour interrompre la cuisson. Incorporer la gélatine égouttée. Fouetter. Ajouter les morceaux de groseille. Mélanger et réserver au réfrigérateur avant de servir.

■CRÊPES FOURRÉES GLACÉES

1 Mélanger la farine, le lait et l'œuf dans un bol.
Laisser reposer pendant la préparation des fruits.
Faire 8 petites boules de glace, les déposer sur une
assiette et les laisser au congélateur.

2 Essuyer les fruits dans un linge propre. Les verser
dans un bol et ajouter 4 cuillères à soupe d'édulcorant. Passer les fruits 2 minutes au micro-ondes.
Mélanger et laisser tiédir.

3 Faire cuire 8 crêpes dans une petite poêle antiadhésive, sans matière grasse. Les maintenir au
chaud, sur une casserole remplie d'eau bouillante.

4 Montage des assiettes : placer 4 assiettes assez
grandes et préalablement chauffées sur le plan de
travail. Déposer 2 crêpes sur chaque assiette et 1 boule de glace sur chaque crêpe.
Répartir ensuite les fruits sur les crêpes. Plier les crêpes en 2 et servir rapidement.
Tout doit se faire très rapidement pour que les crêpes soient chaudes et que la
glace reste ferme.

Coût : ★ Diff. : ■ ■
Préparation : 20 min
Cuisson : 20 min environ

POUR 4 PERSONNES

25 cl de lait écrémé
80 g de farine
1 œuf
4 petites boules de glace
à la vanille
200 g de myrtilles
200 g de mûres
6 cs d'édulcorant en poudre

LES PORTIONS

Pour 1 personne

100 Kcal

■ ENTREMETS
À LA FRAMBOISE

1 Faire tremper la gélatine dans un petit saladier rempli d'eau.

2 Battre le fromage blanc au fouet électrique, avec l'édulcorant. Porter à ébullition un demi-verre d'eau. Ajouter la gélatine essorée. Verser la gélatine diluée dans le fromage blanc et battre encore quelques instants.

3 Essuyez les framboises dans un torchon propre.

4 Mélanger les 3 cuillères à soupe d'eau et la cuillère à soupe de cointreau dans une petite coupelle.

Coût : ★ ★ Diff. : ■
Préparation : 20 min
(+ 1 h au réfrigérateur)
Pas de cuisson
POUR 4 PERSONNES
2 feuilles de gélatine
200 g de fromage blanc à 0 %
6 cs d'édulcorant en poudre
400 g de framboises
8 biscuits à la cuillère (80 g)
1 cs de cointreau
3 cs d'eau
LES PORTIONS
Pour 1 personne
●
135 Kcal

5 Montage. Par coupe ou ramequin : y disposer 2 biscuits ; les mouiller avec 1 cuillère à soupe du mélange cointreau-eau ; couvrir d'une couche de fromage blanc, puis de framboises ; verser du fromage blanc et terminer par des framboises. Recommencer pour les autres coupes. Laisser au frais pendant 1 heure environ et servir froid.

■FAISSELLES AUX POIRES RÔTIES

Coût : ★ Diff. : ■
Préparation : 30 min
Cuisson : 8 min

POUR 4 PERSONNES

400 g de fromage blanc à 0 %
en faisselle
2 cs rases de crème fraîche
4 cs d'édulcorant
4 cc de margarine
400 g de poires
6 cl de jus de raisin
1 pincée de gingembre
en poudre

LES PORTIONS

Pour 1 personne

25 Kcal

1 Dans une jatte, verser le fromage blanc égoutté, la crème fraîche et 2 cuillères à soupe d'édulcorant. Mélanger délicatement. Remettre dans les faisselles. Réserver au réfrigérateur.

2 Dans une poêle, faire fondre la margarine. Ajouter les poires épluchées et coupées en 8. Laisser dorer 2 minutes. Ajouter le jus de raisin. Laisser cuire encore 6 minutes à feu doux, en retournant les fruits à mi-cuisson.

3 Retirer du feu, saupoudrer avec les 2 cuillères d'édulcorant restantes et le gingembre.

4 Dans des assiettes à dessert, répartir les poires, déposer par-dessus le fromage blanc démoulé et recouvrir avec un peu du jus de cuisson.

■FONDUE AUX COULIS DE FRUITS ROUGES

1 Laver et équeuter les framboises, les groseilles et les myrtilles.

Coût : ★ ★ Diff. : ■
Préparation : 30 min

POUR 6 PERSONNES

250 g de framboises
250 g de groseilles
250 g de myrtilles
300 g de bananes
300 g de pommes
3 citrons
3 cs rases de crème fraîche
3 cs d'édulcorant
12 biscuits à la cuillère
(ou 1 génoise)

LES PORTIONS

Pour 1 personne

115 Kcal

2 Mixer séparément chaque catégorie de fruits avec le jus d'un citron. Tamiser, ajouter 2 cuillères à soupe d'édulcorant et 1 cuillère à soupe de crème.

3 Verser les coulis dans 3 coupelles différentes.

4 Couper les biscuits en morceaux, les bananes en rondelles et les pommes en quartiers afin de faire des bouchées. Répartir dans 6 assiettes à dessert.

5 Chaque invité trempera une bouchée de fruit ou de biscuit dans le coulis de son choix.

■ FRUITS EXOTIQUES EN PAPILLOTE

1 Peler l'ananas, le couper en tranches épaisses. Retirer le centre, puis détailler les tranches en petits cubes.

2 Peler les oranges à vif, les couper en quartiers, puis en morceaux.

3 Peler la mangue, enlever le noyau et couper la chair en cubes.

4 Éplucher les litchis et les dénoyauter.

5 Couper la banane en grosses rondelles.

6 Mettre ces fruits à macérer avec le sucre roux, le jus de citron et le rhum pendant 1 heure.

7 Enduire 12 feuilles de papier aluminium, de margarine fondue, avec un pinceau. Déposer une brochette sur chacune. Répartir le sirop de macération. Refermer les papillotes.

8 Les disposer dans un plat en verre et faire cuire 15 minutes au four th. 7 (210 °C)

Coût : ★ ★ Diff. : ■
Préparation : 30 min
Cuisson : 15 min

**POUR 6 PERSONNES
(12 BROCHETTES)**

2 oranges
250 g d'ananas frais (1 petit)
250 g de litchis frais
200 g de mangue (1)
200 g de banane (1)
4 cc de sucre roux
6 cc de rhum
3 cc de margarine allégée

LES PORTIONS

Pour 1 personne

🦐 🦐

30 Kcal

Coût : ★ Diff. : ■
Préparation : 50 min
Cuisson : 45 min

POUR 4 PERSONNES

400 g de pommes
4 cc de sucre roux
4 œufs
200 g de fromage blanc battu à 10 %
80 g de farine
4 cc de margarine allégée
2 cc de cannelle
1 pincée de sel
1 sachet de levure chimique

LES PORTIONS

Pour 1 personne

🦐

MG 🔵 🔵

25 Kcal

■ GÂTEAU RENVERSÉ AUX POMMES

1 Éplucher les pommes, les évider et les couper en 4.

2 Graisser un moule à manqué avec 1 cuillère à caf de margarine et y ranger les pommes. Saupoudre de cannelle.

3 Séparer les blancs des jaunes d'œufs, travailler le jaunes avec le sucre.

4 Lorsque le mélange a blanchi, ajouter la margarin ramollie et le fromage blanc. Battre la pâte pou l'alléger. Puis incorporer la farine tamisée avec la levure.

5 Battre les blancs d'œufs en neige avec une pincée de sel. Les ajouter délicatement à la préparation.

6 Verser cette pâte sur les pommes et faire cuire 45 minutes au four th. 5 (150 °C).

7 Retourner sur un plat lorsque le gâteau est tiède et déguster.

■ GÂTEAU DE RIZ
À LA COMPOTE DE PRUNES

1 Faire tremper les raisins secs dans un bol d'eau parfumée à l'eau de fleur d'oranger.

2 Prélever le zeste du citron. Le hacher finement.

3 Dans une casserole, mélanger le lait, le zeste haché et le sel. Porter à ébullition.

4 Jeter le riz. Laisser cuire à feu doux jusqu'à ce qu'il épaississe un peu.

5 Dans un saladier, mettre les œufs battus, ajouter un peu de riz au lait et remuer.

6 Reverser le tout dans la première préparation et laisser cuire 2 à 3 minutes.

Coût : ★ ★   iff. : ■
Préparation : 50 min
Cuisson : 50 min
POUR 4 PERSONNES
80 g de riz cru
1 litre de lait écrémé
60 g de raisins secs
4 œufs
6 cc d'édulcorant
1 pincée de sel
400 g de prunes
2 cs d'eau de fleur d'oranger
1 citron
LES PORTIONS
Pour 1 personne

7 Hors du feu, incorporer les raisins secs et l'édulcorant. Laisser refroidir. Répartir dans 4 petits moules. Réserver au réfrigérateur au moins 1 heure.

8 D'autre part, faire cuire les prunes dénoyautées avec le jus de citron dans un autocuiseur jusqu'à ce qu'elles deviennent moelleuses. Les égoutter et les mixer pour obtenir une purée fine. Réserver au frais.

9 Pour servir, démouler le riz au lait au centre d'une assiette à dessert et entourer d'un peu de compote de prunes.

■ GOURMANDISE À L'ORANGE

Coût : ★ ★   Diff. : ■ ■
Préparation : 20 min
Cuisson : 55 min

POUR 6 PERSONNES

6 petites oranges
(600 g de chair)
6 petites pommes (600 g)
100 g de framboises
2 citrons
3 œufs
6 cc de margarine allégée
6 cc d'édulcorant
4 feuilles 1/2 de gélatine
1 cc de farine
2 cc de fleur d'oranger
1 pincée de cannelle

LES PORTIONS

Pour 1 personne

5 Kcal

1 Faire ramollir la gélatine dans un verre d'eau froide.

2 Préchauffer le four th. 6 (180 °C).

3 Éplucher 5 oranges, enlever les peaux. Couper la chair en petits morceaux. Garder 1 orange pour la décoration.

4 Éplucher 5 pommes, les couper en petits dés. Garder la sixième pomme sans l'éplucher.

5 Couper l'orange restante en quartiers et la pomme non épluchée en lamelles. Arroser avec le jus d'un citron et la fleur d'oranger. Réserver au frais.

6 Dans une casserole, faire cuire les fruits avec le jus du deuxième citron et la cannelle, à feu moyen. Quand les fruits commencent à fondre, ajouter l'édulcorant, mélanger et laisser réduire encore 10 minutes à feu doux, en remuant.

7 Passer au moulin à légumes. Ajouter 5 cuillères à café de margarine allégée.

8 Remettre le mélange 3 ou 4 minutes sur feu doux pour faire évaporer le jus.

9 Hors du feu, incorporer la gélatine égouttée et mélanger le tout avec les œufs battus.

10 Graisser un moule à savarin avec la cuillère de margarine restante. Le saupoudrer de farine. Y verser la préparation et faire cuire 45 minutes.

11 Une fois refroidi, démouler la couronne et garnir le centre avec les fruits frais. Éparpiller les framboises par-dessus pour apporter une touche de couleur.

■MÉLI-MÉLO
DE MANGUE ET POIRE

1 Évider le centre des poires avec un vide-fruit. Les peler. Les arroser avec le jus d'un demi-citron.

2 Faire bouillir 25 cl d'eau avec le sucre et la cannelle pendant 5 minutes.

3 Faire pocher les poires dans ce sirop pendant 30 minutes sur feu doux. Égoutter. Les couper en fines tranches.

Coût : ★ ★ Diff. : ■
Préparation : 30 min
Cuisson : 35 min

POUR 4 PERSONNES

2 poires (2 x 150 G)
1 belle mangue (300 g de chair)
1 bâton de cannelle
1 citron
4 cc de sucre semoule
2 cc d'édulcorant
6 feuilles de menthe fraîche

LES PORTIONS

Pour 1 personne
🍐 🍐
20 Kcal

4 Peler la mangue. En couper une moitié dans le sens de la longueur, puis en fines tranches.

5 Mixer la chair de l'autre moitié de la mangue avec le jus de citron restant et l'édulcorant.

6 Répartir les fruits dans 4 assiettes à dessert, disposer les tranches de poire et de mangue en les intercalant.

7 Arroser avec le coulis de mangue et décorer avec la menthe fraîche ciselée.

1 Faire tremper les feuilles de gélatine dans de l'eau froide pour les ramollir. Les égoutter et les faire dissoudre dans 2 cuillères à café d'eau bouillante.

2 Battre les blancs d'œufs en neige ferme.

3 Dans une jatte, mélanger le fromage blanc avec 4 cuillères à soupe d'édulcorant, l'extrait de vanille et la gélatine

4 Incorporer les blancs battus en neige ferme. Mélanger délicatement.

Coût : ★ ★ Diff. : ■
Préparation : 15 min
(+ 3 h au réfrigérateur)

POUR 4 PERSONNES

400 g de fromage blanc à 10 %
200 g d'abricots
6 cs d'édulcorant
3 feuilles de gélatine
1 citron
1 cc d'extrait de vanille liquide
2 blancs d'œufs

LES PORTIONS

Pour 1 personne

15 Kcal

5 Répartir la préparation dans 4 ramequins et faire prendre 3 heures au réfrigérateur.

6 Mixer les abricots avec les 2 cuillères d'édulcorant restantes et le jus du citron.

7 Répartir le coulis d'abricot dans des assiettes à dessert, en en gardant 4 cuillères. Démouler les mousses de fromage blanc au centre des assiettes. Recouvrir du reste de coulis.

Pour démouler facilement les ramequins, les faire tremper quelques secondes dans de l'eau chaude.

■MOUSSE NORMANDE

Coût : ★ Diff. : ■
Préparation : 20 min
Cuisson : 15 min
(+ 4 h au réfrigérateur)

POUR 4 PERSONNES

600 g de pommes (5 ou 6)
4 cc de calvados
4 cs rases de crème fraîche
4 cc de gélatine en poudre
2 cc d'édulcorant
2 cc de jus de citron
1 blanc d'œuf

LES PORTIONS

Pour 1 personne

🍎 🍎

45 Kcal

1 Réserver 1 pomme, éplucher et évider les autres, les couper en morceaux. Faire cuire 15 minutes dans un autocuiseur, jusqu'à ce que les pommes deviennent fondantes.

2 Faire flamber le calvados. Y dissoudre la gélatine.

3 Mixer les pommes cuites et égouttées avec la gélatine au calvados, le jus de citron, la crème fraîche et l'édulcorant.

4 Battre le blanc d'œuf en neige. Le rajouter à la préparation.

5 Verser dans une coupe en verre et laisser prendre au réfrigérateur pendant 4 heures.

6 Au moment de servir, couper la pomme restante non épluchée en fines lamelles. Les planter dans la mousse pour décorer.

■NECTARINES À LA BORDELAISE

Coût : ★ ★ Diff. : ■
Préparation : 30 min
Cuisson : 10 min

POUR 4 PERSONNES

4 nectarines (4 x 150 g)
6 cc de sucre semoule
50 cl de vin rouge de Bordeaux
1 petit bâton de cannelle

LES PORTIONS

Pour 1 personne

130 Kcal

1 Peler les nectarines, les couper en 2, retirer les noyaux.

2 Dans une casserole, faire bouillir 10 minutes le vin rouge avec la cannelle. Ajouter le sucre.

3 Faire pocher les nectarines dans ce liquide.

4 Lorsque les fruits sont cuits, les égoutter, puis le déposer dans une coupe en verre.

5 Faire réduire le vin de moitié et en napper les nectarines. Servir frais.

NEIGE AUX FRAMBOISES

1 Laver et équeuter les framboises. En réserver 8 pour la décoration. Mixer les autres, puis les passer à travers une passoire pour retirer les pépins.

2 Fouetter le jus obtenu avec l'édulcorant et le jus du demi-citron. Réserver au frais.

3 Monter les blancs en neige en incorporant la pincée de sel. Ajouter le sucre vanillé et battre quelques instants encore.

4 Dans une casserole, faire chauffer de l'eau. À l'aide de deux grandes cuillères, former une boule de blanc en neige et la déposer sur l'eau frémissante. Retourner après 30 secondes et faire cuire 1 minute en tout. Égoutter dans une passoire.

5 Répéter l'opération 4 fois.

6 Verser un peu de coulis de framboise dans le fond d'une coupe, puis déposer au centre une boule de neige. Décorer avec 2 framboises entières et 2 feuilles de menthe fraîche.

Coût : ★ ★ Diff. : ■
Préparation : 30 min
Cuisson : 5 min
POUR 4 PERSONNES
4 blancs d'œufs
1 pincée de sel
1 sachet de sucre vanillé
400 g de framboises
1/2 citron
5 cc d'édulcorant
8 feuilles de menthe fraîche
LES PORTIONS
Pour 1 personne
30 Kcal

■ PAIN D'ÉPICES DE L'APICULTRICE

Coût : ★ Diff. : ■ ■
Préparation : 30 min
Cuisson : 1 h

POUR 6 PERSONNES

240 g de farine de seigle
12 cc de miel de châtaignier (ou de miel foncé)
4 cs rases + 1 cc de margarine allégée
1 cs de cannelle
1 cc de gingembre en poudre
1 cc d'anis en poudre
4 graines d'anis étoilé
20 cl de lait demi-écrémé
6 cc de sucre
1 cc de sel
1 cc de bicarbonate de soude

LES PORTIONS

Pour 1 personne
● MG
80 Kcal

1 Faire tiédir le lait dans une grande casserole. Y ajouter les épices et le miel.

2 Faire chauffer 10 minutes à feu doux sans laisser bouillir, en remuant.

3 Hors du feu, ajouter 4 cuilères à soupe de margarine. Réserver.

4 Préchauffer le four th. 5 (170 °C).

5 Mêler le sucre à la farine. Une fois le lait refroidi, le mélanger à la farine. Pétrir cette préparation pendant 10 minutes à l'aide d'une spatule en bois.

6 Au dernier moment, répartir le bicarbonate de soude dans la pâte, pétrir encore une fois et laisser reposer quelques minutes.

7 Graisser un moule à cake avec la cuillère de margarine. Le fariner très légèrement et verser la préparation qui doit monter jusqu'aux deux tiers.

8 Incruster sur le dessus les anis étoilés.

9 Mettre à cuire 1 heure au four.

Ne pas ouvrir la porte du four durant la première demi-heure.

■ PAMPLEMOUSSES MERINGUÉS

1 Couper les pamplemousses en 2 par la moitié. Décoller la chair avec un couteau.

2 Placer les demi-pamplemousses dans un plat allant au four. Les enduire de miel. Faire dorer 5 minutes sous le gril du four.

3 Dans une jatte, battre les blancs d'œufs en neige ferme. Ajouter le sucre glace peu à peu et continuer de fouetter.

Coût : ★ Diff. : ■
Préparation : 15 min
Cuisson : 15 min
POUR 4 PERSONNES
2 pamplemousses roses
4 cc de miel d'acacia
3 blancs d'œufs
6 cc de sucre glace
LES PORTIONS
Pour 1 personne
65 Kcal

4 Déposer une grosse cuillère de meringue sur chaque pamplemousse en for mant une pointe sur le dessus.

5 Mettre à cuire th. 5 (150 °C) 10 minutes, pour que la meringue blondisse Servir tiède ou froid.

■ PÊCHES GRILLÉES

Coût : ★ Diff. : ■
Préparation : 15 min
Cuisson : 4 min
POUR 4 PERSONNES
4 pêches (4 x 120 g)
120 g de banane
40 g de framboises
1 citron
4 cc de sucre semoule
1 pincée de cannelle
1 pincée de muscade
1 pincée de gingembre
LES PORTIONS
Pour 1 personne
● ❶
20 Kcal

1 Peler les pêches. Les dénoyauter et les couper en 2.

2 Écraser la banane et les framboises avec une four chette. Ajouter le jus de citron et les épices Mélanger.

3 Répartir cette préparation dans le creux des demi pêches. Reformer les pêches en juxtaposant les 2 moitiés de fruit. Maintenir à l'aide d'un pique-olive.

4 Saupoudrer de sucre de part et d'autre.

5 Mettre à griller sur les braises d'un barbecue, 2 minutes de chaque côté.

PETITS GRATINS
À LA RHUBARBE ET AUX FRAISES

1 Équeuter les fraises, éplucher la rhubarbe et la couper en petits morceaux.

2 Mettre les fraises dans un plat en verre culinaire. Recouvrir d'un papier sulfurisé. Laisser cuire 30 minutes au bain-marie. Une fois refroidi, réserver au réfrigérateur.

3 Mettre la rhubarbe dans un panier en inox. Poser celui-ci dans une casserole d'eau. Couvrir et laisser cuire à feu doux jusqu'à ce que la rhubarbe devienne fondante. Une fois refroidi, réserver au réfrigérateur.

4 Préchauffer le four th. 7-8 (240 °C).

Coût : ★ ★ Diff. : ■
Préparation : 30 min
Cuisson : 50 min
POUR 4 PERSONNES
400 g de fraises
480 g de rhubarbe
8 cc de sucre roux en poudre
(vergeoise)
2 cc d'édulcorant
1 pincée de clou de girofle
en poudre
4 œufs
LES PORTIONS
Pour 1 personne
40 Kcal

5 Dans une jatte, battre les œufs avec un peu de jus de fraises et l'édulcorant.

6 Mélanger le clou de girofle et 6 cuillères à café de vergeoise à la compote de rhubarbe. Ajouter la compote de fraises égouttée. Réserver le jus. Remuer sans insister.

7 Dans des assiettes à gratin, disposer le mélange des 2 compotes. Recouvrir avec les œufs battus et les 2 cuillères à café de vergeoise restantes.

8 Mettre à cuire 10 minutes. Passer sous le gril un instant pour faire dorer. Servir une fois refroidi.

POIRES CHAUDES SAUCE CHOCOLAT

Coût : ★ Diff. : ■
Préparation : 15 min
Cuisson : 10 min

POUR 4 PERSONNES

4 poires (400 g net)
1 sachet de sucre vanillé
20 g d'amandes effilées
20 g de chocolat
4 cs de crème fraîche allégée
2 cc de cacao dégraissé
4 cs d'édulcorant en poudre

LES PORTIONS

Pour 1 personne

🍮

MG

60 Kcal

1 Éplucher les poires, puis les évider sans les couper. Les disposer dans un plat en Pyrex et les saupoudrer de sucre. Les faire cuire 5 minutes au micro-ondes, puissance maximale. Vérifier la cuisson à l'aide d'une aiguille, et la prolonger si besoin. Les poires doivent être tendres, mais pas en purée. Les répartir dans 4 petites coupes à glace et les laisser tiédir.

2 Faire dorer les amandes à feu très doux dans une poêle antiadhésive, en remuant. Réserver sur une petite assiette.

3 Casser le chocolat en petits morceaux. Le verser dans un bol et ajouter la crème fraîche. Faire fondre 2 minutes au micro-ondes, puissance maximale. Lisser la crème à l'aide d'une spatule, ajouter le cacao et l'édulcorant, puis répartir sur les poires. Saupoudrer d'amandes et servir aussitôt.

> Cette recette peut se préparer sans micro-ondes : faire pocher les poires dans très peu d'eau pendant 15 minutes et faire fondre le chocolat au bain-marie pendant 10 minutes.

POMMES AU FOUR, GLACE À LA VANILLE

Coût : ★ Diff. : ■
Préparation : 15 min
Cuisson : 30 min

POUR 4 PERSONNES

4 pommes
4 boules de glace à la vanille
4 cc de margarine
4 cc de sucre
20 g d'amandes effilées
4 cc de gelée de groseilles

LES PORTIONS

Pour 1 personne

🍮

MG MG

150 Kcal

1 Évider les pommes, les creuser en entonnoir sans les percer.

2 Déposer au centre une cuillère à café de margarine, de sucre et de gelée.

3 Mettre les pommes dans un plat allant au four. Faire cuire 30 minutes th. 6 (180 °C).

4 Dans une poêle antiadhésive, faire griller un instant les amandes.

5 Mettre les 4 boules de glace dans un plat au congélateur pour les durcir.

6 Déposer dans chaque assiette une pomme tiède avec au centre une boule de glace. Napper avec un peu de jus de cuisson, décorer avec les amandes effilées.

■ RIZ AU LAIT AU CHOCOLAT

Coût : ★ Diff. : ■
Préparation : 5 min
Cuisson : 35 min
POUR 4 PERSONNES
160 g de riz rond
1 l de lait écrémé
1 gousse de vanille
8 cc de cacao dégraissé
1 orange non traitée
(non consommée)
6 cs d'édulcorant en poudre
LES PORTIONS
Pour 1 personne
🔵 🔵
10 Kcal

1 Porter à ébullition le lait et le bâton de vanille fendu dans le sens de la longueur. Ôter du feu, couvrir et laisser infuser.

Porter à ébullition 2 litres d'eau, ajouter le riz, laisser bouillir 2 minutes, puis égoutter.

Laver l'orange sous l'eau chaude. Râper la peau pour obtenir environ 2 cuillères à café de zeste.

2 Remettre le lait sur le feu. Ajouter le riz et laisser cuire à feu très doux pendant 30 minutes, sans remuer.

3 Lorsque le riz est cuit, ôter la vanille, en grattant l'intérieur pour récupérer les graines. Ajouter au riz le cacao et les écorces d'orange. Remuer délicatement pour ne pas écraser les grains de riz. Quand le mélange est tiède, ajouter l'édulcorant et servir aussitôt, dans des ramequins individuels.

Le riz au lait est délicieux tiède, mais il peut également être servi froid.

■ SEMOULE AUX FRUITS D'ÉTÉ

Coût : ★ Diff. : ■
Préparation : 15 min
(+ 1 h d'attente)
Cuisson : 5 min

POUR 4 PERSONNES

40 g de semoule fine
50 cl de lait écrémé
100 g de nectarine (ou brugnon)
100 g de framboises
100 g de melon
100 g de fraises des bois
4 cs d'édulcorant en poudre

LES PORTIONS

Pour 1 personne

🍷

40 Kcal

1 Porter le lait à ébullition. Ajouter la semoule et laisser cuire 5 minutes à petite ébullition, en remuant à l'aide d'une cuillère en bois. Verser dans un saladier et laisser refroidir.

2 Essuyer les framboises et les fraises des bois dans un linge propre. Éplucher la nectarine (ou brugnon) et le melon. Les couper en très petits cubes.

3 Quand la semoule est tiède, ajouter les fruits et l'édulcorant. Mélanger très doucement pour ne pas abîmer les fruits. Verser le mélange dans un moule cannelé ou en couronne. Laisser refroidir complètement (30 minutes à 1 heure), puis démouler pour servir.

■SOUPE DE MELON AUX AMANDES

Coût : ★ ★ Diff. : ■
Préparation : 30 min
Cuisson : 10 min

POUR 4 PERSONNES

1 melon (400 g de chair)
40 g d'amandes en poudre
2 jaunes d'œufs
2 cs rases de crème fraîche
20 g d'amandes effilées
1 bouquet d'aneth

LES PORTIONS

Pour 1 personne
●

🄼🄶 🄼🄶 🄵
45 Kcal

1 Dans une casserole, verser un demi-litre d'eau, ajouter la poudre d'amandes. Faire chauffer jusqu'à frémissement.

2 Hors du feu, couvrir et laisser infuser 15 minutes. Filtrer le bouillon.

3 Dans une terrine, battre les jaunes d'œufs et la crème fraîche. Verser le bouillon dessus, petit à petit sans cesser de remuer. Laisser refroidir.

4 Couper le melon en 2, retirer les pépins. Prélever la chair à l'aide d'une cuillèr parisienne.

5 Déposer les billes de melon dans une coupe, arroser avec la crème refroidie.

6 Saupoudrer d'amandes effilées grillées et d'aneth ciselé.

■SOUFFLÉS À LA MANGUE EN HABIT DE FÊTE

1 Graisser 4 ramequins avec la margarine.

2 Découper une bande de papier sulfurisé et la fixer à l'aide de trombones à l'extérieur des moules de façon à ce qu'elle dépasse de 6 cm.

3 Couper la chair des mangues en petits morceaux au-dessus d'une passoire. Réserver le jus, ajouter le jus de citron.

4 Casser les œufs et séparer les blancs des jaunes.

5 Dans un plat en verre culinaire, battre les jaunes d'œufs avec l'édulcorant. Ajouter peu à peu le lait.

6 Mettre le récipient dans une casserole d'eau chaude au bain-marie et laisser cuire environ 10 minutes en tournant jusqu'à ce que le mélange épaississe.

7 Faire dissoudre la gélatine, préalablement trempée dans l'eau, dans le jus de citron et de mangue, puis l'ajouter au mélange précédent ainsi que les morceaux de mangue.

8 Mettre le récipient contenant la préparation dans de l'eau glacée. Battre au fouet électrique jusqu'à ce qu'elle commence à prendre, puis incorporer délicatement le fromage blanc et les blancs battus en neige.

9 Remplir les moules à soufflé jusqu'au bord. Bien égaliser et faire prendre au réfrigérateur.

10 Au dernier moment, enlever le papier. Décorer avec une petite fleur comestible.

Coût : ★ ★ ★   Diff. : ■ ■
Préparation : 40 min
Cuisson : 10 min

POUR 4 PERSONNES

2 cc de margarine
6 feuilles de gélatine
2 cs de jus de citron
4 œufs
4 cc d'édulcorant
2 petites mangues
(400 g de chair)
25 cl de lait écrémé
100 g de fromage blanc à 20 %
4 fleurs d'œillet (ou de calendula) pour la décoration

LES PORTIONS

Pour 1 personne

10 Kcal

260

■TABOULÉ AUX FRUITS

Coût : ★ Diff. : ■
Préparation : 20 min
(+ 1 h au réfrigérateur)

POUR 4 PERSONNES

160 g de semoule
de couscous crue
4 cc de sucre semoule
1 sachet de sucre vanillé
10 feuilles de menthe fraîche
3 citrons
1 bol d'eau bouillante (150 g)
1 petite pomme verte (100 g)
1 kiwi (100 g)
100 g de raisin noir (12 grains)
100 g d'ananas
30 g de raisins secs

LES PORTIONS

Pour 1 personne

30 Kcal

1 Dans un saladier, mettre la semoule de blé et les raisins secs, ajouter 2 cuillères à café de sucre, le sucre vanillé et le jus d'un citron. Mélanger.

2 Verser progressivement un bol d'eau bouillante sur les grains de semoule, de façon à bien les humidifier sans les tremper. Laisser gonfler.

3 Couper la pomme, l'ananas et le kiwi en petits dés. Égrener le raisin.

4 Ajouter les 2 cuillères de sucre, le jus des 2 citrons restants et la moitié des feuilles de menthe finement hachées.

5 Mélanger la semoule avec les fruits. Réserver au réfrigérateur 1 heure avant de servir. Répartir dans des coupes et saupoudrer à nouveau de menthe fraîche.

■TARTE
AU FROMAGE BLANC

Coût : ★ Diff. : ■
Préparation : 20 min
Cuisson : 25 min

POUR 4 PERSONNES

120 g de farine
1 cc de levure chimique
100 g + 400 g de fromage blanc
à 0 %
1 cc d'huile
1 pincée de sel
2 œufs
quelques gouttes d'extrait
de vanille
2 cs de jus de citron
8 cs d'édulcorant en poudre

LES PORTIONS

Pour 1 personne
◯ ⓘ ⓛ
15 Kcal

1 Mélanger la farine, la levure, le sel, 100 g de fromage blanc, une cuillère à soupe d'eau tiède et l'huile. Travailler la pâte lentement pour incorporer tous les ingrédients progressivement. Rouler la pâte en boule et la laisser reposer. Préchauffer le four th. 6 (180 °C).

2 Battre dans un saladier le reste de fromage blanc, les œufs, la vanille et le jus de citron. Ajouter 4 cuillères à soupe d'édulcorant et mélanger.

3 Étaler la pâte très finement, car elle gonfle légèrement pendant la cuisson. En garnir un moule de 24 cm de diamètre. Piquer le fond à l'aide d'une fourchette.

4 Verser le mélange au fromage blanc sur la pâte. Faire cuire au four 25 minutes environ. Saupoudrer avec le reste de l'édulcorant et laisser tiédir. La tarte se consomme tiède ou froide.

TARTE
AUX POMMES TIÈDE

Coût : ★ Diff. : ■
Préparation : 30 min
Cuisson : 40 min

POUR 4 PERSONNES

120 g de farine
1 cc de levure chimique
100 g de fromage blanc à 10
ou 20 %
1 cc d'huile
1 pincée de sel
3 pommes sucrées (400 g net)
1 sachet de sucre vanillé

LES PORTIONS

Pour 1 personne

20 Kcal

1 Mélanger la farine, la levure, le sel, le fromage blanc, 1 cuillère à soupe d'eau tiède et l'huile. Travailler la pâte lentement pour incorporer tous les ingrédients progressivement. Rouler la pâte en boule et la laisser reposer. Préchauffer le four th. 6 (180 °C).

2 Éplucher les pommes. Couper 2 pommes en petits morceaux et les faire cuire 15 minutes dans une petite casserole avec une cuillère d'eau. Lorsque les pommes sont cuites, les écraser à l'aide d'une fourchette et les laisser tiédir. Émincer finement la dernière pomme.

3 Étaler la pâte pour garnir un moule de 24 cm de diamètre. Déposer la pâte dans le moule. Piquer le fond à l'aide d'une fourchette. Verser la compote, puis répartir les tranches de pomme par-dessus. Saupoudrer de sucre vanillé et enfourner. Laisser cuire 25 minutes à four assez chaud pour que la tarte soit bien dorée. Servir tiède.

■TARTE RAYÉE
AUX POIRES ET AUX CASSIS

1 Préchauffer le four th. 6 (180 °C).

2 Recouvrir un moule de papier sulfurisé. Y déposer la pâte étalée. Faire cuire à blanc 15 minutes.

3 Couper les poires épluchées en quartiers. Les mettre dans un plat en verre culinaire avec la margarine, le jus de citron et le gingembre en poudre.

4 Faire cuire 30 minutes au four th. 7. Réserver.

5 Mettre la gélatine dans de l'eau froide.

6 Faire bouillir le lait avec la gousse de vanille. Laisser infuser 10 minutes. Filtrer.

7 Mélanger la Maïzena et les 4 jaunes d'œufs. Verser le lait sur ce mélange.

8 Faire bouillir en remuant sans arrêt. Retirer du feu et incorporer la gélatine et l'édulcorant.

9 Monter les 4 blancs d'œufs en neige. Les ajouter au mélange bouillant et remuant délicatement.

10 Garnir le fond de tarte avec la crème à la vanille, ajouter les poires égouttées et les cassis disposés en rayons.

Coût : ★ ★ Diff. : ■ ■
Préparation : 1 h
Cuisson : 55 min

POUR 4 PERSONNES

120 g de pâte brisée
400 g de poires
200 g de cassis
8 cc de margarine allégée
1 citron
1 cc de gingembre en poudre
20 cl de lait demi-écrémé
20 g de Maïzena
4 œufs
3 cs d'édulcorant
1 gousse de vanille
1 feuille 1/2 de gélatine

LES PORTIONS

Pour 1 personne

● MG

● + 45 Kcal

■TARTE SOLEIL

Coût : ★ ★ Diff. : ■ ■
Préparation : 20 min
Cuisson : 20 min
(+ 3 à 4 h au réfrigérateur)

POUR 4 PERSONNES

180 g de pâte brisée du
commerce
10 cl de jus de citron
5 cs d'édulcorant
8 cc de margarine allégée
4 œufs
1 feuille 1/2 de gélatine
1 orange

LES PORTIONS

Pour 1 personne
MG ●

● ◑ + 5 Kcal

1 Garnir le fond d'un moule à tarte de papier sulfurisé. Le recouvrir avec la pâte étalée, remplir de haricots secs. Cuire à blanc, th. 6 (180 °C) pendant 20 minutes.

2 Préparer la crème au citron : mettre la gélatine à ramollir dans de l'eau froide.

3 Dans un saladier, fouetter les œufs. Verser le jus de citron filtré. Mélanger.

4 Dans une casserole, faire fondre la margarine. Verser la préparation aux œufs et au citron tout doucement, sans cesser de remuer. Cuire à feu doux jusqu'aux premiers bouillons.

5 Ajouter la gélatine égouttée. Mélanger à la crème au citron en fouettant.

6 Incorporer l'édulcorant. Mixer quelques secondes pour bien homogénéiser.

7 Garnir le fond de tarte cuit avec la crème au citron, lisser. Laisser prendre au réfrigérateur pendant 3 à 4 heures.

8 Au moment de servir, décorer avec de fines rondelles d'orange, découpées en triangles. Saupoudrer avec un peu de zeste d'orange haché.

Coût : ★ ★ Diff. : ■
Préparation : 15 min
(+ 2 h au réfrigérateur)

POUR 4 PERSONNES

350 g de fraises
200 g de litchis frais
(ou en boîte au naturel)
4 cc d'édulcorant
1 feuille 1/2 de gélatine
8 petits-suisses à 30 % (8 x 30 g)
8 feuilles de menthe fraîche

LES PORTIONS

Pour 1 personne
🍓

● ●
5 Kcal

■TIMBALES DE FRAISES AUX LITCHIS

1 Laver et équeuter les fraises. Éplucher et dénoyauter les litchis. Réserver 50 g de litchis et 50 g de fraises pour la décoration finale.

2 Passer le reste des fruits au mixeur.

3 Faire fondre la gélatine, préalablement trempée dans de l'eau froide, dans une cuillère à soupe d'eau bouillante. Ajouter l'édulcorant.

4 Mélanger avec la purée de fruits et les petits-suisses.

5 Répartir dans des timbales et mettre au frais pendant 2 heures.

6 Couper les fruits restants en petits morceaux et ciseler la menthe.

7 Quand la préparation est ferme, démouler sur des assiettes à dessert et entourer avec un peu de hachis aux fruits et à la menthe.

■YAOURT À LA GELÉE DE FRUITS ROUGES

Coût : ★ ★ Diff. : ■
Préparation : 10 min
Cuisson : 5 min
(+ 3 h au réfrigérateur)

POUR 4 PERSONNES

4 yaourts brassés à 0 %
100 g de framboises
100 g de fraises
100 g de cassis
100 g de groseilles
3 feuilles de gélatine
3 cs d'édulcorant

LES PORTIONS

Pour 1 personne
🔟

5 Kcal

1 Faire tremper les feuilles de gélatine dans un peu d'eau.

2 Disposer les framboises dans 4 ramequins.

3 Mixer les autres fruits rouges. Faire cuire 5 minutes à feu doux. Filtrer, incorporer les feuilles de gélatine égouttées et l'édulcorant.

4 Verser ce coulis sur les framboises et faire prendre 3 heures au réfrigérateur.

5 Dans chaque assiette à dessert, verser le contenu d'un yaourt et démouler au centre un ramequin aux fruits rouges.

INDEX THÉMATIQUE

Veau mariné à l'italienne — 182

CERISE
Cailles aux cerises en corolles — 150
Galette aux abricots — 35
Pudding cerises — 37

CHAMPIGNON
Artichauts farcis en papillotes — 183
Assiette amoureuse — 52
Cabillaud en papillote — 92
Champignons en persillade — 190
Chou farci au tofu — 88
Coquilles de lotte au safran — 60
Crêpes aux champignons gratinées — 61
Dinde en gibelotte — 155
Escalopes de poulet aux crevettes — 170
Fondue à la chinoise — 110
Galettes de flocons d'avoine — 218
Lapin à la moutarde — 160
Lentilles aux petits légumes — 222
Orge perlée aux légumes croquants — 223
Pizza aux légumes — 71
Pommes de terre à la parisienne — 204
Rognons d'agneau aux flageolets — 144
Rôti de cabillaud — 96
Sauté de veau aux pommes de terre — 180
Soufflé de brocolis — 79
Tian aux crevettes — 103

CHAMPIGNON CHINOIS
Sauté de porc à la chinoise — 168

CHAMPIGNON NOIR DÉSHYDRATÉ
Sauté de porc à la chinoise — 168

CHOCOLAT
Poires chaudes sauce chocolat — 254
Riz au lait au chocolat — 255

CHOU
Chou braisé aux tomates fraîches — 191
Chou farci au tofu — 88
Crevettes sautées au chou — 102
Filet de porc fumé au chou — 166
Potage vietnamien au poulet — 50
Salade de chou blanc à la menthe — 54

CHOU-FLEUR
Chou-fleur à la russe — 192
Orge perlée aux légumes croquants — 223

CIDRE
Abricots au cidre meringués — 230

CITRON
Fondue aux coulis de fruits rouges — 240
Gourmandise à l'orange — 244
Taboulé aux fruits — 261
Tarte soleil — 266

CITRON VERT
Thé glacés aux fruits — 42
Tout citron — 42

COLIN
Tian aux crevettes — 103
Zarzuela catalane — 141

CONCOMBRE
Cocktail de concombre — 40
Plaisir du fromager — 72

COQUE
Coques gratinées à la provençale — 97
Panaché de coquillages à la bière — 124
Zarzuela catalane — 141

COQUELET
Coquelet à la diable — 152
Coquelet aux herbes — 153

COURGETTE
Artichauts d'œufs pochés au jambon — 82
Brochettes de moules — 122
Courgettes farcies à la polenta — 214
Courgettes sautées aux anchois — 194
Couscous au poulet — 214
Dorade aux légumes braisés — 104
Flans de courgettes — 66
Fondue à la chinoise — 110
Galettes de courgettes — 195
Orge perlée aux légumes croquants — 223
Potage aux trois haricots — 49
Purée de courgettes — 196
Rouget au beurre de basilic — 130

CRABE
Crêpes fourrées au crabe — 62
Œufs au crabe — 70

CRESSON
Crème de cresson — 44

Rillettes de maquereau – 119

MELON
Bouchées au melon et au jambon de Bayonne – 30
Cocktail melon pastèque – 41
Melon matin – 36
Semoule aux fruits d'été – 256
Soupe de melon aux amandes – 258

MENTHE
Bâtonnets de céleri aux 2 mousses vertes – 19

MERLAN
Tian aux crevettes – 103
Tomates farcies au poisson – 137

MIEL
Pain d'épices de l'apicultrice – 250
Pamplemousses meringués – 252
Tajine d'agneau au miel – 144

MIRABELLE
Semoule aux mirabelles – 33

MORILLE
Rôti de veau aux morilles – 180

MORUE
Morue aux légumes – 121
Morue aux pommes de terre – 121
Morue en brandade parmentier – 120

MOULE
Brochettes de moules – 122
Cœurs de laitue aux moules – 52
Couscous aux fruits de mer – 100
Filets de dorades aux moules – 106
Flan de moules au céleri – 122
Marmite du pêcheur – 120
Panaché de coquillages à la bière – 124
Tarte aux moules – 124
Zarzuela catalane – 141

MOZZARELLA
Croquettes de pommes de terre surprise – 201
Crostini aux anchois – 62

MÛRE
Cocktail de fruits rouges au rosé – 40
Crêpes fourrées glacées – 238

MYRTILLE
Clafoutis aux myrtilles – 235
Cocktail de fruits rouges au rosé – 40
Crêpes fourrées glacées – 238
Fondue aux coulis de fruits rouges – 240

NAVET
Cabillaud sauté printanière – 94
Filets de saumon aux navets – 133
Jarret de veau et ses légumes – 178
Lentilles aux petits légumes – 222
Mijotée de lentilles – 45
Navets braisés – 199

NECTARINE
Nectarines à la bordelaise – 248
Semoule aux fruits d'été – 256

NOIX DE PÉTONCLE
Fondue à la chinoise – 110
Pétoncles au Bourgogne aligoté – 125
Spaghetti aux crevettes – 228

NOIX DE SAINT-JACQUES
Coquilles Saint-Jacques Express – 98
Poêlée de saumon aux raisins frais – 134
Salade de cresson aux noix de Saint-Jacques – 56

ŒUF
Artichauts d'œufs pochés au jambon – 82
Crêpes aux champignons gratinés – 61
Cressonnettes d'œufs cocotte – 84
Flan de courgettes – 66
Œufs à la paysanne – 86
Œufs au crabe – 70
Œufs cocotte aux herbes du jardin – 23
Œufs en gelée au saumon fumé – 70
Œufs en meurette – 85
Œufs farcis bonne femme – 84
Omelette au fromage frais – 87
Omelette aux épinards – 86
Omelette soufflée aux framboises – 36
Pain d'œufs aux pommes de terre – 87
Pain de mie aux œufs brouillés – 23
Soufflé de crevettes au basilic – 103

OIGNON
Aiguillettes de dinde au céleri – 154
Bœuf sauce piquante – 146
Boulghour sauté aux poivrons – 212

INDEX GÉNÉRAL

282

Recettes rédigées par :
Véronique Liégeois, Martine Barthassat et Josette Rieul

Photos :
Philippe Exbrayat

Stylisme et réalisation culinaire :
Nathalie Daunay

Shopping :
Atelier Beautile [Ferme des Chartrains – Canapville
14800 Deauville
pages 43, 99, 117, 185, 221, 229

Christofle [9, rue Royale 75008 Paris
pages 31, 95, 109, 129, 157, 189, 193, 217, 227
(Verres, couverts et accessoires Christofle)

Bernardeau [11, rue Royale 75008 Paris
pages 47, 55, 59, 81, 113, 131, 139, 169, 181, 237, 245, 251
(Verres, couverts et accessoires Christofle)

Bernardeau – Anciennement Manufacture Royale :
pages 65, 73, 145, 151, 265
(Verres, couverts et accessoires Christofle)

Villeroy & Boch [21, rue Royale 75008 Paris
pages 21, 27, 39, 51, 63, 69, 83, 89, 105, 123, 135, 161,
173, 177, 197, 207, 211, 215, 231, 241, 257, 259

Gravure réalisée par Paris photo Composition
Achevé d'imprimé en juin 1998
sur les presses d'I.M.E. à Baume-les-Dames
LIBRAIRIE GÉNÉRALE FRANCAISE - 43, quai de Grenelle - 75015 Paris
ISBN : 2-253-08178-7 - N° dépôt édit. : 9445-06/1998

30/8178/3